周德九　　　　　　　　　　　　　　**作者簡介**

1954年在台灣出生，名中的「九」是紀念筆者是家母所懷的第九胎，「九」就因此伴隨筆者一生；出生月、身分證號、學號、兵籍號碼、結婚日、居家與公司地址等不計其數都因緣巧合與「九」在在相繫。

1978年赴美讀研究所，主修熱學，筆者的姓名是屬火，主修熱學是命中注定，獲有30餘件的各國專利；又生肖屬馬，一生奔波勞頓，除文中略記登山經歷，中年以後開始學習飛行，無論因工作需要或興趣，跨洋環宇似馬奔馳，迭迭不歇。

華人

2000年海峽兩岸

首次遠征世界第二高峰K2

喬戈里峰聯合登山隊 紀實

周德九 著

博客思出版社

華人 2000年海峽兩岸
首次遠征世界第二高峰 K2
喬戈里峰聯合登山隊 紀實

前言

　　全世界有 14 座超過 8,000 公尺以上的高峰，而位於中國新疆與巴基斯坦的邊界上的喀拉崑崙山脈世界第二高峰，海拔 8,611 公尺，中文名稱為喬戈里，Qogir 是塔吉克語，而 19 世紀起西方的山名為 Goldwin Austen 峰，但是從 20 世紀起世界登山界就統稱該峰為 K2 了。

　　K2 在 1954 年即由義大利登山隊由東南稜首登成功，其後幾乎所有西方工業國家、亞洲的日本、韓國及部份東歐國家均有派出遠征隊，至 1999 年已有超過 150 人登頂，但雖然 K2 位於中國及巴基斯坦之邊界上，公元 2000 年之前還沒有一支由華人所組成之遠征隊伍去攀登過，當然也沒有華人的腳印印在峰頂過，為了不讓華人在 K2 峰頂缺席，海峽兩岸登山好手們繼 1993 年成功攀登了世界第一高峰「珠穆朗瑪」後將再次合作組成一支聯合攀登隊，計劃在 2000 年的夏季遠征 K2。

　　「珠穆朗瑪」Qomolangma 是藏語，而 20 世紀起世界登山界就統稱世界第一高峰為 Mt. Everest，而台灣登山界稱該峰為「聖母峰」。

　　1993 年海峽兩岸珠穆朗瑪峰聯合登山隊在 5 月 5 日成功的將 1 位台北隊員、1 位北京隊員及 4 位西藏隊員送上世界第一高峰後，參與者即開始醞釀著向世界第二高峰邁進之計劃，經過 3 年的時間，在愛山的朋友們默默地耕耘，終於在 1997 年 5 月間由筆者代表台北的登山同好們，到北京與中國山協于良樸秘書長簽下了協議書後，正式的展開組隊之籌備工作，這個攀登活動是中共國務院所批准的計劃，在 21 世紀開始前之登山盛事，甚具深遠之歷史意義。

　　這次遠征隊之實力可以說是 K2 攀登歷史中最強的組合，尤其是西藏隊成員有 8 位「14 座 8,000 公尺以上高峰探險隊」隊員，而該隊在 1999 年底前已完成了 10 座 8,000 公尺以上高峰。這使 2000 年 K2 遠征隊攀登隊員登頂 8,000 公尺以上高峰次數多達至 55 次，在世界登山史上一支登山隊伍的成員擁有多達 55 次的 8,000 公尺以上高峰登頂紀錄，那絕對是空前的。

　　極地遠征探險，攀登 8,000 公尺以上之高峰，是一個國家展示該國國力的一種方式，對該國家的人民有正面之影響外，對一位登山者亦是其一生中重要之挑戰，登山者均應明瞭，攀登 8,000 公尺以上高峰時心中必須秉持「沒有征服只有生還」的信念，在海拔 6,000 公尺以上高地活動時，因氣候、高山症、缺氧、水土不服、

身體及心理不適應、隊友相處、與攀登時產生壓力等等人性弱點在高山上會隨時展露出來，然而高山是無情的，如不保持謙卑之心態去接近它，8,000 公尺以上高峰就會展露它無情的面目來伺候你。 攀登 8,000 公尺以上之高峰，攀登者之基本條件除需要具備堅強之體力、耐力、意志力、精實的冰雪岩攀登技術外，同時也須擁有登山智慧，登山智慧必須是以尊重生命、敬仰高山為基礎所修練出來的，登山智慧是在「心」而非在「腦」，能以無私奉獻的心態為攀登同伴提供自己的肩膀讓他們能順利登上高地。

本次遠征自 2000 年 6 月 1 日開始至 9 月 15 日結束歷時了 107 天，但很遺憾的是因為天空不作美而無法順利登頂。 K2 的山形如金字塔般，平均斜度不少於 45 度，由山基部到峰頂幾乎沒有平緩之處，C1 營地是紮在 45 度斜度的冰河裂隙中，C2 營地是建立在斜坡上，C3 營地則位在北稜海拔 7,500 公尺高度的 40 度陡坡小台階上，當下大雪或颳大風時，營帳都會被大風吹走或被從斜坡滑下來的雪埋沒，營帳外所放置的物品，或沿著攀登路徑修建好的繩路，都會被滑下來的雪被埋掉就是被沖掉，為了攀登隊員的生命安全必須全員下撤到海拔 4,950 公尺的前進基地營（Advanced Base Camp，簡稱 ABC）來避風雪休整，而只要因大雪下撤，前一次攀登時所作的苦工，例如修好的繩路、紮好的營帳、或運上去的物資裝備都可能會損失，待天氣轉晴後又要重新再來一次，這就是為何 K2 北稜的攀登路線是非常艱難的原因。 珠穆朗瑪峰的營地基本上都是建立在緩坡或大平台上，當下大雪或颳大風時、攀登隊員均可停留在營地、等候天氣穩定後再向上攀登。 要能由 K2 北稜登頂除攀登者本身能力外，最重要的是天氣，K2 北稜登頂所需的天氣條件是必須有四次週期，每次週期有五至六天的連續好天氣，尤其是由 C4 到峰頂的攀登路線是要經過約一千公尺長 45 度以上陡斜的三角雪田（懸掛冰河），在這高度已無物資與能力來修繩路，必須以結組方式來作攀登，沒有良好天候下想要由北稜線登頂是很危險的。 本次攀登活動一共執行了四次攀登，但受天候影響，隊員只上攀到 7,660 公尺高，但全員能安全回家沒有凍傷，也是功德圓滿吧。

通常攀登 8,000 公尺以上高峰的書籍絕大部分都是由成功登頂的攀登者所著作的，其作品是著重於以攀登者個人的角度與觀點來撰文的，至今為止華人世界少有一本書能以籌劃者、領隊、或現場指揮的立場，用「科學論文」的形式，全盤的鉅細靡遺將遠征攀登 8,000 公尺以上高峰有系統地寫出，這本紀實除可提供給「有用的資訊」及「正確的觀念」給有意參加遠征攀登的人士，也可提供大型遠征攀登活動的籌劃者、領隊、或現場指揮作為參考。 這本紀實也包含了登山歷史紀錄，與

邊疆地理供讀者閱覽。

事隔 21 年，整個世界 15 億多華人還是沒有一人由北側新疆這一側登頂 K2，希望這本紀實能激發與鼓勵華人登山好手儘快能組織一支遠征隊，由中國新疆這一側完成登頂 K2 的歷史使命。

這本登山紀實中所用的照片均為筆者用非專業型的相機所拍攝的，這些照片的來源有數位相機，也有正片與負片，當時，數位相機的解析度只有 1Mb，所拍攝出的照片平均的解析度是落在 600Kb 左右，這些燈正片與負片是在拍攝二十多年後，才被筆者使用 Kodak Scanza 掃描機一張一張的轉成數位 JPG 檔，具化學成分的正片與負片，經過二十多年的歲月已發黃、退色、或發霉，但這一張張照片是的歷史證物，可配合著這本紀實讓讀者生動地去神遊西遊記般的 K2 山區了。 希望得到讀者能諒解這本登山實紀內的照片其攝影專業度、色彩、及解析度都遠遠達不到當今所出版的談論時事、旅遊、或美食的雜誌或書籍內照片的清晰度與色彩真實飽和，也希望讀者能體會已在「耳順」年紀的筆者，能將數千張數正片與負片一張一張的轉成數位 JPG 檔，再由這數千個 JPG 檔甄選出，搭配描寫這次遠征活動的「心」。

筆者　**周德九**　謹識

難以忘懷喬戈里峯　　　序

　　喬戈里峯是我登山生涯中留下遺憾最多之地。 早在 1974 年我初涉登山之時，站在珠穆朗瑪峯的腳下，面對着世界第一高峯，暗暗下定決心，此生一定要走遍我國邊界和境內的世界九座 8,000 米以上高峯，尤其是神祕莫測，中國登山者無人涉足過的世界第二高峯一喬戈里峯。 這是座攀登難度高於珠穆朗瑪峯，相對高差達 4,500 米以上的險峯，進山路途遙遠，交通又極不便，使人望而卻步的高峯。

　　一九七五年中國登山隊再次征服珠穆朗瑪峯，下一個攀登的目標就確定了攀登喬戈里峯。 喬戈里峯早在 1954 年意大利登山隊從巴基斯坦一側即喬峯南側成功登頂。 而中國一側（即喬峯北側）卻從未有人問津，沒有任何攀登資料可參考。 做好正式攀登前的各項準備工作，1976 年 6 月中國登山協會決定由我擔任組長帶領 4 位登山隊員進山偵察。

　　我們的任務是（一）偵察進山路線（包括車行及步行路線）；（二）進山沿途食宿、物資運輸手段及補給；（三）山區的氣象及水文狀況，選定登山大本營位置；（四）拍攝進山沿途地形的電影片及照片資料。

　　1976 年 6 月中旬，喬戈里峯偵查組 5 人乘一輛卡車從烏魯木齊出發，經新藏公路麻扎兵站，沿邊防公路可達汽車終點一伊力克，從伊力克僱用了十頭犛牛進山。 因不了解當地氣象和水情，加之季節已近 7 月中旬，錯過了進山的最佳時間，翻過阿格勒達坡進入克勒青河谷，洶湧的克勒青河已灌滿了寬達 800 米至 1,000 米的河谷。 隊伍艱難地抵達第一紅柳灘後，犛牛再無法前進，只好在第一紅柳灘紮營，想等河水小些後再走。 在河邊我們設了一個水標，早起一看，一夜之間，河水又猛漲了近 30 公分。 無奈之下偵查組決定由我帶領 2 位隊員帶了 2 條登山主繩沿克勒青河谷徒步偵察路線。 從第一紅柳灘營地涉冰河，翻陡壁，下午近 5 時登上馬鞍山頂。 在馬鞍山上對遠在 7 公里之外的喬戈里峯進行了拍攝後下撤返回，計劃第二天再帶隊進山。 返回第一紅柳灘營地已是凌晨 1 時。 第二天清晨發現克勒青河水又漲了近 40 公分，營地都已進水，河水已漫過牛背，無法前進。 我們的食品也只夠 10 天之用。 無奈之下只好放棄繼續偵察，原路下撤返回，遺憾地結束了此次任務。

　　1977 年 5 月中國登山協會由劉大義隊長組織了對喬戈里峯第二次偵察，任務是進入喬戈里峯主冰川選擇攀登路線。 偵察隊當時攀登至喬戈里峯東北山脊 6,000 米高度，選定了北側兩條攀登路線，即東北山脊路線和北山脊路線。 兩條路線相比，東北山脊路線 8,000 米以下難度較小，但路線長；8,000 米以上坡度陡峭難度

極大。 而北山脊路線短，坡度陡峭，平均坡度 45 度以上。 這條路線以後國外登山隊所選定，成為北側多次成功登頂的傳統路線。 這次偵察是中國登山人員第一次進入喬戈里峯北側冰川，攀登達到喬戈里峯東北山脊 6000 米高度。

1978 年中國開始了改革開放，中國對外開放山峯供外國登山團體攀登，中國登山協會的主要工作是接待外國登山隊和旅遊者來華登山和高山旅遊，中國人自行攀登喬戈里峯的任務因此而擱置。

1990 年我有幸擔任日本橫濱山岳會喬戈里峯登山隊聯絡官隨隊進山。 在喬戈里峯停留了 3 個多月的時間。 在日本隊登山期間，我先後偵察了中國最長的冰川—音蘇蓋提冰川，偵察了皇冠峰、麒麟峰的進山路線。 這次也是我登山生涯中所經歷的最漫長的一次山區停留時間，當時我也想這恐怕是我最後一次進入喬戈里峯地區了。

1993 年海峽兩岸登山者聯合組隊成功攀登了珠穆朗瑪峯。 1994 年 12 月在台北市兩岸登山人聚在一起，共賀珠峯成功登頂，又研討了下一個聯合攀登的目標，世界第二高峯—喬戈里峯，雙方共同認為喬戈里峯南北兩側外國登山隊都成功登頂，卻沒有一位中國人踏足。 初議選擇在 96 至 98 年間聯合組隊攀登。 因種種原因直到 1999 年經國務院批准，確認在 2000 年完成此壯舉。 中國登山協會組織了中國亦是世界登山界最強的登山團隊，西藏 14 座 8,000 米以上的高峯登山隊參加聯合隊。 2000 年 6 月聯合登山隊順利進駐喬戈里峯北側大本營。

2000 年喬戈里峯北側登山季，迎來了海峽兩岸聯合登山隊、美國登山隊、日本登山隊、國際聯合登山隊四支登山勁旅爭相攀登，這是喬戈里峯北側登山最熱鬧的一年。

七月中的喬戈里峯地區，往常天氣穩定，雨水大風稀少，是攀登的窗口期，而 2000 年 7 月中旬卻天氣異常，陰雨綿綿不斷，北側攀登路線幾乎每日都發生冰雪崩和流雪。 給攀登者帶來了極大危險，原可扎兩至三頂高山帳的 1 號營地，已無可紮營之平台，營地只能扎在冰裂縫之中。 新疆自治區氣象台天氣預報告知，往年乾旱的塔什庫爾干地區和西藏阿里地區現已多發洪水災害，異常的氣候給攀登者帶來了攀登的難度和危險。 到八月中的美國登山隊、日本登山隊、國際聯合登山隊，均只登達 C3 營地（7,500 米），已無望突擊頂峯且裝備、食品已不足，先後宣告攀登失敗，從大本營下撤。 兩岸聯合登山隊中台灣、香港隊員也體力先期耗盡無法再攀登，只好忍痛放棄攀登，撤離了大本營，山上只剩下大陸方面的隊員還在苦苦攀登，寄希望能有 2 至 3 個好天爭取向上突擊。 但天公不作美，只攀登至

7,660 米，因雪崩、流雪不斷，無法攀登只好與 9 月中旬撤營，下撤至伊力克時，進山公路被洪水沖毀，步行至麻扎達拉方乘車返回葉城。 阿九在書中已詳盡描述了此次遠征的全過程。

兩岸山友此次攀登從 1995 至 2000 年籌劃、準備 6 年之久，尤其以阿九隊長首的台灣山友 此次付出了巨大代價。 阿九隊長自籌了近 20 萬美元投入此役，可謂之用心良苦。 但此役不能登頂成功，卻也創下了多項喬戈里峯登山的記錄；首次在喬戈里峯實現了喬戈里峯與台北電視實況轉播、首次使用衛星電話與北京和台北通話、同時更進一步加深了海峽兩岸登山者的友誼。

阿九隊長是一個文質彬彬的「書生」，也是一個意志堅定、才能非凡的登山指揮者，是我所仰慕的「山者」。 喬戈里峯聯合攀登至今雖已過去 20 餘年，但我們兩岸山友共同奮鬥的場景至今仍歷歷在目不能忘懷。

阿九今把攀登的全過程濃縮在這本書中，在書中他全傾了對山的熱愛，對兩岸山友的赤子之心，對攀登未成功的遺憾之情。

這本書雖是記錄了一次不凡的登山過程，也深深體現了兩岸山友的情誼。 喬戈里峯的攀登是兩岸合作攀登高峯的第二次聯手，此次雖然失利，但透迤莽莽地喀喇崑崙，巍峨的喬戈里峯永遠屹立，我們兩岸的中國人終會有一天從北側踏上她的巔峯。

于良璞

2020 年 12 月於北京

寫序者：于良璞先生曾任中國登山協會秘書長，山野戶外雜誌主編，中國登山界熟知的「于老闆」，現已退休。

7

由一萬公尺高空的駕駛艙內
觀攀登 8,000 公尺以上高峰

序

如果有人問我一萬公尺高空的駕駛艙景色、跟在 8,000 公尺親手抓住天空的感覺有何不同？ 我無法回答，但是周大哥可以，因為他不僅是噴射機飛行員，也是攀登高山的好手！

因緣際會下結識了周大哥，但在初次見面前，只知道他是一位事業有成的企業家。 等到見了面才知道他不僅是成功的企業家，更是一位熱愛飛行的飛行員。 當下除了敬佩之外，根本無法作他想，因為他太成功了，只覺得我們是兩個平行世界的人。 直到太平洋上空的兩次同機巧遇、暢談，才讓我們成了交心的好朋友，也因為這層關係，更得知周大哥也是登山家。

其實最佩服周大哥的地方是他的執行力，小至他對小女的幫助、大至對登山的執著、以及完成環球飛行，這些都是需要花費時間來成就的。 他不僅願意花時間、更是能即時的完成。 若不是這強大的執行力，一般人要達到他的成就，我想是不容易的。

對登山外行的我，本以為登山跟自己搭高山電車上瑞士少女峰的山頂相去不遠，直到拜讀完周大哥的大作之後，才知道我真的是把踏青當登山了。 也到現在才瞭解到登山的複雜專業性，因為每次的登山都需要多年縝密的計畫，正如同民航機師需要數年按部就班才能養成。 要不是有滿腔的熱血與執著、是不可能同時成為這兩個角色的。

航空公司運用 CRM（Crew Resource Management）來確保飛行的安全，而非每次任務的達成。 所謂 CRM、簡單而言，就是人盡其才、物盡其用。 周大哥這次的登山任務、抑是如此的調和鼎鼐各界、包括各國的專家，並且善用所有的物質，來確保此次登山的安全。 因為周大哥深信登山沒有征服，只有生還，這不僅是他的信念，更是敬天的態度，誠如飛行一樣，往往都是因為天氣因素而無法降落目的地，但是只要有飛行安全、等天氣許可了，機場還是會在那裡的。

登高必自卑，行遠必自邇！ 這是我去瑞士少女峰踏青的心得，但我卻無法用其它文字形容，直到看到周大哥的用「登山過程就有如人生一般，時時要做出不得已的決定」來表達他對某些取捨的無奈。 這位受理工科教育的達人，對於 20 年前的執著與 20 年後的自省態度更是令我感佩在心，相信這也是他不斷進步的動力之一吧！ 各位如果遇到周大哥本人，記得問問他，一萬公尺高空的駕駛艙景色、跟在 8,000 公尺親手抓住天空的感覺有何不同？

楊國興

2020 年 12 月於台北

寫序者：楊國興先生現任華航波音 777 機型的飛行教官

2000年海峽兩岸

華人首次遠征世界第二高峰 K2 目錄

喬戈里峰聯合登山隊 紀實

▲ 喬戈里峰 K2 北側景

K2 與喀拉崑崙山脈

在中國西藏及新疆邊界上，躺著世界屋脊之稱的喜馬拉雅及喀拉崑崙兩大山脈，其中海拔 8848 公尺的世界第一高峰，珠穆朗瑪峰，文中簡稱「珠峰」，是位在喜馬拉雅山脈中，而海拔 8,611 公尺的世界第二高峰，K2 則是位在喀拉崑崙山脈中。 喀拉崑崙山脈對一般登山者來說是比較陌生的，但是如果讀者您知道世界上 14 座 8,000 公尺以上的高峰其中有 5 座位在喀拉崑崙山脈後，那麼您就肯定會對它刮目相看了。 這 5 座峰分別為 K2、南迦帕瓦峰、加舒爾布魯木I峰、加舒爾布魯木II峰、及布洛阿特峰。 貫穿中國、巴基斯坦、阿富汗及塔吉克斯坦等國家的喀拉崑崙山脈，因深入中亞，所以多為乾旱不毛之地，其中 K2，西方人又稱之為 Goldwin Austen，在 20 世紀起世界的登山界就統稱該峰為 K2，是數一數二的超難攀登的一座 8,000 公尺以上山峰。

根據歷史記載，西方世界第一次深入喀拉崑崙山脈的是在 1833 年由英國探險家 Godfrey Thomas Vigne 對這山脈作了 4 次探訪，其後德國兄弟檔 Hermann 及 Robert Schlagintweit 是歐洲人第一支隊伍向喀拉崑崙北部地區作探查，但以上隊伍均無探查到喀拉崑崙山脈之心臟地帶。 到了 1856 年印度大三角測量隊隊長 T. G. Montgomerie 中尉在 Haranukh 三角高地測量站，觀察到北方有兩個金字塔般之山峰凸出在喀拉崑崙連峰中，他即給這兩個山峰命名為「K1」及「K2」。 K 代表喀拉崑崙 Karakoram，K1 是為當地原住民稱為 Masherburm，但 K2 被 Montgomerie 中尉稱為山中之山。 地理上及地質上而言，喀拉崑崙山脈與喜瑪拉雅山脈並不是一個連貫之山脈，喀拉崑崙之字義為「黑色之山脈」或「黑色之大地」，不管解釋為何皆意謂這山脈的神秘及險峻。 喀拉崑崙山脈的 8,000 公尺以上的山峰有 5 座，30 座山峰超過 7,000 公尺及數佰座山峰超過 6,000 公尺，且擁有在南北兩極以外最長之冰河。 其中 Siachen 冰河長 72 公里，Hispor 冰河長 61 公里，這些冰河之溶冰水流入環繞山脈周圍的沙漠成為重要水源。 喀拉崑崙山脈平均寬度達 190 公里，雖然其地理位置較喜瑪拉雅山脈深入內陸甚多，雨量也較少，但它寬度比喜瑪拉雅山脈寬度的 80 公里較寬，因此匯集較多的降雪及降雨量。 K2 位於東經 76.5 度、北緯 35.9 度，南側是巴基斯坦喀什米爾，北側位在新疆維吾爾自治區葉城縣境內的塔什庫爾干縣，K2 的塔吉克語是「喬戈里」，其意為高大雄偉的意思。

K2 於 1954 年 7 月 31 日由義大利登山隊從巴基斯坦也是 K2 的南側 Abruzz 山脊路線由 Lino Lacedelli 及 Achille Compagnoni 兩位登山者首登成功。 由北側首登為日本山嶽協會登山隊於 1982 年 8 月 14 日首登成功。 至 1999 年底止 K2 共有超過 150 人登頂，由新疆入山攀登 K2 北側的隊伍不超過 13 個隊伍，但由北陵登頂只有 23 人，登頂隊伍及人數為：

1. 1982 年的日本山岳協會隊－北稜 7 人。
2. 1983 年的義大利隊－北稜 4 人。
3. 1990 年美國隊－北稜 3 人。
4. 1990 年日本橫濱山岳隊－北西壁 2 人
5. 1994 年美英隊－北西壁 2 人。
6. 1994 年西班牙隊－北稜 2 人。
7. 1996 年義大利波蘭隊－北稜 3 人。

平均登頂成功率為 35%，這麼高的成功率並非它很容易而是因它太困難了，只有世界實力最強並且準備充分之遠征隊伍才會去攀登，但同時有殘酷的事實是 K2 之攀登死亡率也是非常高，下面圖表清楚顯示其死亡人數與登頂人數的比率，珠穆朗瑪峰的死亡率是 4%，而 K2 高達 23%。

　　珠峰傳統路線的遠征隊伍，其實力是無法登 K2 的。 在登山界均知 K2 北稜是世界上最偉大攀登路線之一，由基部開始以大於 45 度的坡度向上直到峰頂，而高度的落差高達 3600 公尺，除全程的冰雪岩地形外，在最頂部還有懸掛冰河，攀登路線上不具備任何水平的紮營地，實為一最高挑戰的攀登路線。

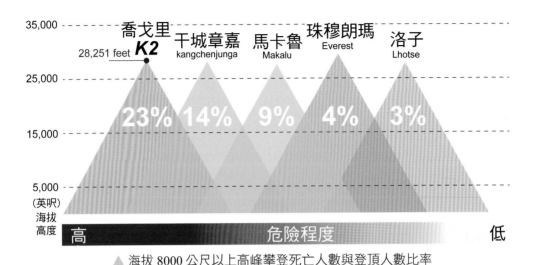

▲ 海拔 8000 公尺以上高峰攀登死亡人數與登頂人數比率

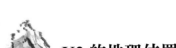

K2 的地理位置

　　K2 的地理位置是在新疆喀什（Kashgar）南方 408 公里處，或位在西藏和闐西南西方 330 公里處距。 距台北的直線距離是 4,440 公里，距北京的直線距離是 3,490 公里，距香港的直線距離是 3,900 公里，距拉薩的直線距離是 1,535 公里。

　　K2 位於新疆與巴基斯坦的疆界上，東北方向是新疆，西南方向是巴基斯坦。新疆與巴基斯坦的疆界是沿著喀拉崑崙山脈而劃定的，在疆界上有 5 座高過 8,000 公尺的高峰；它們是：

● 喬戈里峰－ Qogir，K2，8,611 公尺，世界第 2 高峰。

● 南迦帕爾巴特峰－ Nanga Parbat，8,125 公尺，世界第 9 高峰。

● 迦舒布魯木I峰－ Gasherbrum I，8,068 公尺，世界第 11 高峰。

● 布洛阿特峰－ Broad，8,047 公尺，世界第 12 高峰。

● 迦舒布魯木II峰－ Gasherbrum II，8,034 公尺，世界第 13 高峰。

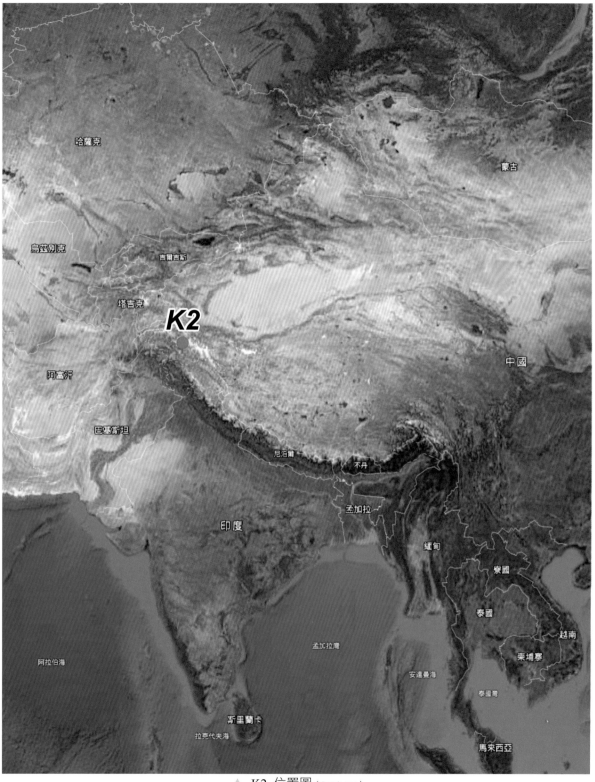

▲ K2 位置圖（Google map）

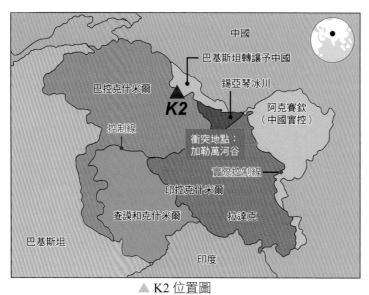

▲ K2 位置圖

讀者可能對以上的地理描述不太能意會，那筆者就以 2020 年間所發生的一件時事來解釋，讀者可能會注意到有關中國與印度兩國的軍隊在西藏邊境所發生流血與死亡衝突的實際地點—加勒萬河谷（Gallowan）來延伸講解 K2 的地理位置，加勒萬河谷就是位處於喀拉崑崙山脈中，而該河谷是位居於印度控制下的克什米爾（Kashmir）地區與西藏之間，這裡的疆界一直沒有被劃定所以領土衝突是常常發生。 而 K2 是位於加勒萬河谷西北方 190 公里處的巴基斯坦所控制下的克什米爾地區與新疆的疆界上。

 ## 緣起

1993 年海峽兩岸登山好手組成的聯合登山隊成功的在 5 月 5 日將台北隊員吳錦雄、北京隊員王勇峰及西藏隊員小齊米、開尊、普布、小加措送上世界第一高峰「珠穆朗瑪」的峰頂後，身為該聯攀隊的一位攀登隊員的筆者就產生了延續聯合攀登的氣勢，渴望再接再厲的去計劃完成下一個遠征攀登的目標，海拔 8,861 公尺高的世界第二高峰 K2。

為延續海峽兩岸登山運動及回報大陸方在那次聯合登山活動中的付出及友誼，聯攀隊台北隊員就計畫邀請大陸隊員來台參訪，並一同攀登台灣最高峰海拔 3,950 公尺的玉山。 大陸隊員於 1994 年 12 月 5 日下午 5 時搭國泰 400 班機抵台展開 10 天的參訪行程，成員有營道水、曾曙生、李舒平、于良璞、小齊米、開尊、普布、小加措、金俊喜、羅申、馬欣祥及許競等 12 位。 台北方面的攀登隊長，張銘隆專程飛到香港與大陸隊成員會合，再一起搭機來台，台北隊職員赴中正機場（現改名為桃園機場）接機的有：李淳蓉、黃國治、吳錦雄、邵定國、黃德雄與筆者等，同時間台灣山友：陳守珪、梁明本、謝長顯、張致遠、賴永貴等人也專程趕往機場迎接。

▲ 1993 年海峽兩岸珠穆朗瑪峰聯合登山隊大陸隊員訪台接機合照

　　這次參訪除遊覽台灣名勝、會見台灣登山團體、山友、及樂嚐台灣美食外最重要的行程是安排兩天的時間一起攀登玉山。 兩岸山友在參觀聯合報南園後，於 12 月 9 日驅車南下先拜訪了位於水里的玉山國家公園管理處，身為玉山國家公園巡山隊員的伍玉龍，穿著玉山國家公園制服迎接大陸隊職員的光臨。 參訪完畢後驅車經新中橫到塔塔加，居住在南部的吳炯俊趕來會合，大隊人馬夜宿鹿林山莊。 次日早晨兩岸山友一起由塔塔加入山口開始出發一路登高，在下午 1 點成功登頂玉山主峰。 這一天老天作美晴空萬里，向北可看到奇萊山、雪山、南湖大山與中央尖等高峰，向東可看到秀姑巒、馬博拉斯、新康、與達芬尖等高峰，台灣方隊員就這機會向北京及西藏隊員一一介紹個高峰，並講述攀登這些高峰的趣事，大夥在峰頂的停留約 1 小時，在攝影留念後下山夜宿排雲山莊。 至此 1993 年海峽兩岸珠穆朗瑪聯合登山隊的北京、西藏、與台灣的隊員們一起完成的大陸第一高峰也是世界第一高峰「珠穆朗瑪峰」與台灣第一高峰「玉山」的登頂，這是非常具有歷史意義的

▲ 大陸隊員品嚐台灣美食

▲ 兩岸珠峰隊員啟程一同攀登玉山前在塔塔加合影

▲ 兩岸隊員合影背景玉山北峰

▲ 兩岸珠峰隊員在玉山頂

▲ 人與羊群過克勒青河

創舉。

在這次聯攀隊大陸成員參訪的過程中，兩岸山友也討論了下一個聯合登山活動，在大家研商下，確定了海拔 8,611 公尺高的世界第二高峰「K2」，為下一次聯合登山的目標。 大陸在開放外國人入境登 8,000 公尺以上高峰前，登高峰是國家級的任務，其成果為 1960 年由珠穆朗瑪北側路線成功登頂，1964 年世界首登海拔 8,027 公尺高的西夏巴馬。 中國登協秘書長于良璞指出海拔該會曾鎖定由中國新疆側攀登 K2 為 1978 年的國家任務，並於 1976 及 1977 年先後派出偵查隊到山區，當時也探勘了 K2 的攀登路線。 1982 年由中國側首攀登頂成功的日本隊，都是得力於中國登協所提供的資料。國際登山界對 K2 的挑戰早在 20 世紀初就展開了，由於其地形非常險峻與入山路線特長，使攀登該峰的傷亡比例是所有 14 座 8,000 公尺以上山峰中最高的。 由中國這邊，同時也是 K2 的北側攀登 K2 的季節一年僅僅有一次，每年 5 月初克勒青河發水前就得入山，如入山時程有耽誤水大連駱駝都可能被川急冰冷的河水沖走導致死亡。 5 至 8 月為最佳攀登季節，大隊人馬樣須等到克勒青河的河水稍有消退才能離開山區，整個遠征隊進入基地營後需過 2 至 3 個月與世隔絕的生活，期間必須自給自足，是所有攀登 8,000 公尺以上山峰中對資源運用、後勤補給、及醫療的要求是很高的。 由南側攀登珠穆朗瑪峰時如發生有山難時，尼泊爾空軍可調派軍用直升機直接飛到第二或第三高地營去吊掛傷病登山者；由北側攀登珠穆朗瑪峰汽車則可直接到達基地營。 攀登 K2 單單要由伊利克（車輛能到達之處）到基地營、就要與駱駝（載貨）及羊群（入山後的肉食）一起翻山越嶺與如過西遊記通天河般的走 6 天。 8 月底時離開大本營（Base Camp，BC）時，克勒青河還非常深，人員需要騎在駱駝背上才能過河，所以入山後如有傷病根本無法後送。

▲駝隊渡克勒青河

籌備

▲ 三角雪田（懸掛冰河）

　　雙方在討論如何計畫 K2 遠征時，考量該高峰的攀登極端困難程度，台灣方面能力是不足的，原則上還是要借重大陸方面山友熟悉地緣及多次偵查山區的經驗，與西藏方面在超高海拔攀登技術及行動的能力，還是拷貝 1993 年兩岸登山珠峰聯攀模式再度組織成一支聯合攀登隊。中國登協有「頭號軍師」、「于老闆」之稱的秘書長于良璞將以負責擬定聯攀隊的遠征計畫案，沒有料到的是，兩岸山友熟稱的「老于」在回到北京不足一個月，在 1995 年 1 月 25 日就將 15 頁手寫的計畫草案傳真給李淳蓉小姐「李姐」，他的效率之高讓我們台北方面感到欽佩，同時老于也稍了一封親筆信函給李姐，當時李姐因為全力投入「發現者」的紀錄片事業，所以並無閒瑕籌備與組織台灣方面的遠征事務，於是將老于的信函及計畫草案交給台灣方面負責組織及籌備這次遠征活動的執行者，也是筆者。信中建議 K2 遠征聯攀

隊的活動日期第一順位應選在 1996 年，第二順位應選在 1998 年，老于建議第一順位 1996 年的原因有幾個考量：

1. 因為這是遠征活動必須派出西藏「世界 14 座 8,000 公尺以上高峰探險隊」的隊員參與才有成功登頂的可能，而該隊已經與日本 K2 登山隊達成協議要在 1997 年由巴基斯坦側聯攀 K2。
2. 大陸山友訪台期間，台灣山友賴永貴向中國登協主席曾曙生先生及老于表達他計畫在 1997 年組隊遠征 K2。
3. 希望這次海峽兩岸 K2 聯合登山隊能有香港登山者參與，如聯攀隊能在 1996 年成功登頂則對 1997 年香港回歸有重大的歷史意義。

筆者詳細研究老于所撰寫的遠征計畫案後，瞭解了該遠征活動所需籌措的物質，台灣及香港攀登隊員的甄選、集訓、募款與集資等等，都需要長時間來完成，大陸方面人員均為公職，登山是職業也是任務，而台灣與香港山友均為業餘，是花個人自己賺來的錢來登山，且來自社會各階層，開計程車、金匠、職員、水電工、開小吃店、嚮導、畫家、建築工等等不勝枚舉，要甄選組織集訓一批遠征攀登隊員需要至少 2 至 3 年時間，況且台灣香港入選的隊員要支付活動的「自付額」新台幣 15 萬元，在 20 世紀末這金額對白領並不多，但願意冒險的台灣白領人士是稀少，會去遠征的大多個人財務不充裕，一般而言年紀都在 35 歲以上，多有家室及幼兒，想遠征就要用幾年的時間來賺足經費。 況且遠征期間，有 3 到 4 個月的時間沒有收入，又有生命危險，常常會引起家庭革命，只有無悔的愛山人才會不計後果的投入，而筆者身為這是活動的計畫與執行者，高達 30 萬美元的經費都要由筆者來負責募款及籌措，且在這次遠征我個人不會得到任何財物、商業及名望等的利益與回饋，此外，筆者還有企業要經營管理不可能全時間投入這艱鉅的工作，所以也需要 2 至 3 年時間來執行。

為何需要 30 萬美元的經費呢？ 因為所有支出都需要錢，諸如全體隊職員所有陸空交通費用、住宿旅館、登山器材設備、高地內外服裝、伙食、駱駝、基地營到 ABC 間的駝工等等不勝枚舉。 考量以上各因素，李姐與筆者同意在 1998 年遠征才是較適當的抉擇，於是筆者在 1995 年 3 月 13 日去函給老于，知會我方認為聯合登山活動需要改到 1998 年的決定。

老于在 3 月去西藏，4 月才回北京，所以到 5 月 9 日才回覆筆者，他將 1982 日本隊、1983 義大利隊及 1990 美國隊的攀登資料交給當時在北京洽公的李姐，由她親攜回台交給筆者，老于提到 K2 山區因為不受到孟加拉灣區暖流的影響，其風量與降雨量都比珠穆朗瑪山區域要小的多，K2 山區的氣候主要是被伊朗高原氣候所影響的，由氣象的歷史紀錄顯示每年 8 月的氣候最穩定且晴天的週期長，所以特別有利於登頂。 老于也在信中特別提到為考慮到運補困難；傷病無法被後送；攀

登難度特高；與高地營地超狹小並難尋，所以聯攀的隊伍不能大，且攀登隊員體力需超強，修繩路的經驗要豐富，及冰雪岩攀登技術要夠硬。 老于同時也指出，如要在 1998 年遠征的話，「西藏 14 座 8,000 公尺以上高峰探險隊」已定下在 1998 年攀登世界第三高峰 8,565 公尺的干城章嘉，以致該隊無法抽出攀登隊員參與聯攀隊，必須由北京方面與台北方面的攀登隊員來執行高地營地的攀登修繩路及運補工作，所以在攀登隊員的甄選及訓練是能成功聯攀登頂的最重要的關鍵。 老于提醒 1993 年珠穆朗瑪聯合登山時，因為無高山協作負責高地攀登修繩路及運補的工作，以致這些工作是交由西藏、北京及台北的攀登隊員來執行，導致部分攀登隊員體力透支，應運補到最高營地的部份物資沒有及時到位，因此造成登頂隊員在下撤時，停滯在高地營而導致凍傷。 老于建議本聯合登山隊要雇用尼泊爾雪巴族的高山協作，這樣才能提高成功登頂的機率，單單一項攀登修路用的固定繩索就需要 4,000 多公尺長，如果沒有高山協作協助這次的攀登，將無法有效率地修繩路與運補攀登物資到高地營，這樣就無法保證來自北京、香港、或台北的攀登隊員能保持充足體力與無傷病，在這狀況下登頂機率等於零，即使能很幸運地登頂，但在下撤時，要通過峰頂下 1,000 多公尺長的 45 度陡坡三角雪田式的懸掛冰河，過去多位成功登頂的攀登者，就是在這段懸掛冰河上在下撤時因體力不支失去平衡而墜入萬丈深淵的，我誠摯地接受且感激老于去雇用尼泊爾雪巴族高山協作的建議。

老于大致估算這次聯合登山所需要的經費為一仟伍佰萬新台幣，當時筆者在第一時間就試問自己要如何去籌措這經費？ 該數目對筆者不是個小數目，筆者是一個研發技術出身，沒有公關宣傳的經驗及能力，在 1986 年由美回國與國祥冷凍合資創業，初期所研發的技術及產品是提供給美國軍方戰場上的誘敵設備，所以必須全時間投入，且要保持低調，不與台灣企業的經營者、媒體界及政界往來。 筆者回憶在 1993 年，李姐籌備珠穆朗瑪遠征時，當時她是紅透天的電視節目胡瓜主持的「百戰百勝」及陶晶瑩主持的「頑皮家族」的製作人，因此珠穆朗瑪隊員均有受邀安排上那些節目去做宣傳，加上李姐的丈夫黃國治是當時華視知名的導播，即使他們倆賢伉儷在電視界及社會上有很高的知名度，但珠穆朗瑪募款還是非常困難的。 而筆者呢？ 我在 1978 年就赴美留學使我與台灣登山界中斷了聯繫，事實上即使有密切的聯繫對募款也是沒有幫助的，原因是當時在台灣登高山的人，鮮少有錢有地位的大款，且台灣登山界普遍認為遠征 8,000 公尺以上高峰是好高騖遠，不知量力的妄想。 當年為海外遠征這目標持續努力，且付出時間與金錢，由 5,000 公尺以上高峰起步，一步步向更高海拔高峰遠征攀登的台灣登山者不超過 30 位，台灣社會普遍對海外高山遠征的認知是負面或無知的，當年社會氛圍是，好孩子只要努力背書考上好大學，出國留學榮耀家族，觀念都還停留在萬般皆下品，唯有背書高的階段。

▲ 1993 年珠峰隊員參加百戰百勝

　　記得我在 1992 年準備遠征珠穆朗瑪時，將這個訊息當面告訴了一位美國同業的經營者，當他聽到這訊息時，他很誠摯的說：「It is my great honor to stand next to you who is a courageous mountaineer，我很榮幸的能站在您這位有勇氣的登山者身旁。」同樣的，我將這訊息分享給我在留美時的曾在同一科系就讀的台灣同學，當他聽到這訊息時他用台語說：「你瘋了不要命啊」，西方先進國家在 15 世紀開始就鼓勵社會高層領導及知識分子赴外遠征，而中國帝王卻中止鄭和下西洋，這種唯我為中心，閉關自守，萬物只有讀書高的氛圍使中國敗落了三至四百年之久。在 1993 年 3 月，筆者受李姐之託代表 1993 珠穆朗瑪聯合登山隊接受台視的訪問，回憶台視主播李惠惠小姐曾問筆者：「攀登珠穆朗瑪峰不是很危險會有死傷嗎？為何你們要去做這件事？」該年一月時，台北論情西餐廳大火奪走 33 人命，造成 21 人輕重傷，所以筆者就這樣回答李主播：「攀登珠穆朗瑪是危險的，但到台北的餐廳吃飯更是危險千百倍，攀登珠穆朗瑪峰的危險是可被計量的（calculable risk），攀登隊可依據氣候、物資運補、及攀登隊員體能與精神狀況來執行攀登，攀登過程中會有危險及意外，但基本上都能被克服，而到台北的西餐廳、KTV 消費時，消費者的命運是被掌握在無良商人的手中。」我記憶中李主播抬起頭來看著我說出「這比喻是具有思考的」。

　　回到募款的話題，由以上所提及的，可呈現台灣當年大眾對遠征海外攀登8,000 公尺以上高峰的看法是：「一群瘋子為何我要出錢給他們去玩！」在紀實後面章節中，有描寫筆者在募款時的所遭遇到的困難，向台灣知名企業募款都被拒絕，到最後幸運的募到的 $276,895 美元中，美國知名企業捐出 $110,000 美元，筆者所經營在美國公司及筆者個人一起捐出 $96,500 美元，可說這支 2000 年海峽兩岸 K2 聯合登山隊是由美國山姆大叔資助才得成行的，實在有點諷刺！但這就在當年的台灣，政治上高層也都是來來來台大，去去去英美國家，會背書考試的一群，憑藉出身好，學而優則仕，才不會想去從事遠征探險，因為會死人的，政府、社會、人民普遍沒有探險的認知，從當時台灣產業都是做代工就能證明這觀點，因為代工風險低只需要買設備及支付專利權利金就能賺錢，不需面對建立品牌的困難及不確定性，贊助與支持遠征探險的觀念是不太可能存在於當年的政府高層與大企業經營者的。

延後

　　各位讀者一定會問，遠征日子不是訂在 1998 年嗎？ 怎麼實際行動的日子卻延到 2000 年呢？ 這背後有個淒美的故事，話說在 1995 年遠征籌備工作正如火如荼地執行時，筆者的妻子不幸在該年 11 月被診斷出肺腺癌，筆者太專注在經營事業，以致忽略妻子的身體健康，筆者的妻子是一位對丈夫與家庭鞠躬盡瘁全力付出的女性，有段時間她有長時間的咳嗽，我們倆都認為是感冒而已，但到診斷出時才知道已經是肺腺癌的第四期，當時肺腺癌並無有效的治療方法，妻子剩下日子並不多，筆者決定將事業及遠征先擱置在一旁，全心在榮總病房中陪伴她走完她最後的人生。 妻子是在 1996 年 6 月離世的，因我們倆很相愛，她的離世讓我痛不欲生，留下兩位女兒，大女兒要升國一，小女兒要升小五，她們倆讀國小的歲月中，筆者沒讓她們去上補習班，在當年台灣讀國中與高中，如不補習升學路上是會吃大虧的，但筆者不信補習能造就人才，或更甚至於抑殺心性發展，所以我決定帶她們倆回到她們的出生地美國，同時能讓我遠離傷心地，用時間慢慢療傷，不得已只能將遠征延期。

　　在美國，我暫將事業放在一邊，來適應失去妻子後如何身兼父母兩職的角色，同時為了要減輕失去妻子的痛苦，我開啟了圓我少時的夢「學習飛行」、「駕駛飛機」。 在數月的受訓後於 1997 年 1 月我取得美國 FAA 私人單引擎目視飛行的

▲ 筆者學習飛行

▲ N287WM 於 2018 年 5 月 4 日降落在台北松山機場（袁町 攝）

駕照，之後的 15 年歲月中我持續受訓一步步取得較高等級私人多引擎儀器飛行的執照，以及 EA500 型噴射機單人駕駛資格（Type Rating），也才能有幸的在 2018 年 4 月 27 日到 5 月 12 日之間用 16 天駕六人座雙噴射引擎飛機 Eclipse 500（機號為 N287WM）環地球飛行一周，經查自從 1938 年以後，有私人（非商業或航空公司）環世界飛行的紀錄開始，筆者應該是駕雙噴射引擎飛機環世界飛行的第一位亞洲人或華人。

▲ 筆者駕駛 N287WM 環遊世界飛行中途降落台北松山機場（台北松山機場 臉書照片）

　　隨著時間，個人的心情已由悲痛中慢慢的緩了下來，K2 遠征的使命又回到筆者心中。 為考量自 1996 年起事業與家庭已遷至美國，遠征隊的眾多工作，都需要筆者在台北才能被有效的執行，折衷的辦法是安排每月返台一週，同時處理台北商務與遠征事務，這種行程安排最難之處是一個月之內需要調整時差兩次，事實上，一個月內基本上只有兩週的睡眠品質是好的，原本計畫這種三週在美一週在台的生活方式最多持續到 2000 年 3 月，但人算不如天算，這種生活方式持續 24 年，直到 2020 年 3 月冠狀病毒才中斷，24 年間筆者飛越太平洋超過 600 趟，這可能又是一次航空公司空勤人員以外人士的飛行紀錄。 考量在這種行程下所能取得的工作效能，筆者必須將遠征由 1998 年延後，審慎思考後決定延到 2000 年，一來是給予筆者 3 年時間去執行遠征隊的各項事務，二來 2000 年是一新世紀的開始，也是一個有特殊意義的年度，作出延期的決定後，筆者就積極的與老于擬出本次遠征的協定書與備忘錄，並逐文討論及修改得到共識，下一步是筆者代表台北喜馬拉雅俱樂部赴北京與大陸中國登協簽約。

簽約

　　筆者於 1997 年 4 月 27 日搭機赴北京，中國登協曾曙生主席親自開車到北京首都機場接機，當晚筆者被安排夜宿北京前門飯店，筆者要再次感謝現已在天上的曾主席當時能親自來接機，曾主席是在 1998 年退休，於 2002 年離世的，曾經受到他照顧的台灣方面山友們都非常懷念他。

　　4 月 28 日是正式簽約的日子，早上筆者赴中國登協與曾主席及于良璞秘書洽談協議書及備忘錄，其文句部份已在筆者來北京之前，雙方已取得主要共識，因此最後定稿的過程順利在上午完成，下午老于與筆者分別代表「大陸中國登協」與「台北喜馬拉雅俱樂部」簽約。 海峽兩岸喬戈里峰聯合登山隊的活動日期正式確定於 2000 年 6 至 8 月間執行，希望海峽兩岸的登山勇者在新世紀的開始能順利登上位在中國與巴基斯坦的疆界上 K2 山頂，使華人不在 K2 山頂缺席，曾主席要我轉告台灣及香港方面山友，「你們來參加喬戈里聯合登山隊可以放心，中國登協、新疆登協與西藏登協會全力投入保證這次行動的成功，我 1998 年就要退休，不管我在或不在登協主席的位置上，我都對全力以赴，原國務院批准的 1998 年的海峽兩岸喬戈里聯合登山隊活動的批文已被申請延期到 2000 年了。 」

▲ 海峽兩岸喬格里聯合登山活動在北京簽約

31

距離 2000 年還有 3 年之久，北京及西藏的登山隊員因為登山是他們的職業，所以他們基本上隨時可出發，而台北與香港的登山隊員都是業餘，3 年的時間內要完成甄選訓練，及個人的籌資是很緊湊的。 當天也針對這些困難做了討論，原則上是採 1993 年珠穆朗瑪聯合登山台北成員為這次 2000 年 K2 聯合登山為班底，進而吸收攀登及運補的新秀。 台灣方的隊職員為總顧問李淳蓉、聯合登山隊長周德九及攀登隊長吳錦雄，攀登隊員暫訂為 4 員，希望有 8,000 公尺以上的攀登經驗，而台灣山有如江永達、陳國鈞、江國華已表達有意願參加。 大陸方的隊職員為總顧問曾曙生、聯合登山隊長于良璞及攀登隊長王勇峰，北京派出攀登隊員馬欣祥、羅申，西藏派出攀登隊員拉巴、普布。

新聞報導工作由雙方各派一位隨對記者，北京派出的記者是謝彌青小姐，而台灣記者則是待選的。 本次遠征的運補工作是繁重複雜的，又補給路線超長，須建立一個 20 人組成的運補隊，專司基地營 BC 至 ABC 間的運補。 這方面台北可另派出 10 人，讓沒有 4,000 公尺以上攀登經驗的山友們，有機會參與學習高地冰河行動，為將來攀登高海拔山峰打下基礎，游啟義教練自願擔任台北隊員的集訓教練與入山後運補隊的隊長。 北京則負責派出隨隊醫生一位，ABC 炊事員一位。 原本老于提出本聯合登山隊最好雇用尼泊爾雪巴族的高山協作，以提高登頂機率的建議，雖然西藏登協同意派出攀登隊員，且本次聯合登山隊已定義為一支小型的遠征隊伍，所以沒有被納入協議書與備忘錄中。 協議書中雙方任務的分工如下：

中國登協承辦：
- 聯合登山隊在大陸境內時所有人員、物資、車船飛機交通、與沿途食宿。
- 聯合登山隊在 BC 與 ABC 所需的發電機、電池、照明設備、隊部帳、炊具、炊事帳、食品與燃料。
- 由伊利克運輸物資至 ABC 所需的駱駝及民工。
- 由 BC 運輸物資至 ABC 所需的民工及裝備。

台北喜馬拉雅俱樂部承辦：
- 聯合登山隊所需高山用氧、攀登及固定繩、冰雪岩攀登器材、個人生活用營帳、高地防寒內外衣、高寒登山鞋、與高地營帳等。
- 聯合登山隊所需通訊設備如衛星電話、無線電基地台與個人無線電機等。
- 聯合登山隊在 BC 與 ABC 所需太陽能電板。
- 聯合登山隊所需高地食品、炊具、與燃料等。

而在備忘錄中並彙整歸納：

⚑ 聯合登山隊所需經費全由台北籌措提供，經費需在 2000 年 1 月 3 日電匯到中國登協。

⚑ 台北攜帶的通訊設備清單需在 2000 年 2 月底前寄送到中國登協，以便辦理入關通訊設備手續。

⚑ 台北的記者名單及攜帶的攝影器材設備清單需在 2000 年 2 月底前寄送到中國登協。

⚑ 由台北準備的物資、裝備器材、與食品等需在 2000 年 3 月底前運抵中國登協。

⚑ 台北如派出電視轉播隊其活動經費按自費登山規定辦理，並單獨結算費用。

這次活動距離 1993 年已有 7 年之久，期間的通訊科技有了驚人的進步，1993 年珠穆朗瑪峰隊外通訊是使用新竹台揚科技公司王華燕董事長所贊助的海事衛星通訊機台，其體積如大型旅行金屬箱，開箱展開後的天線就如一把倒放的雨傘般，為防止操作因低溫而失效，整台通訊設備必須包裹好紙板並旁放置煤油暖爐旁取暖。 在 1998 年 11 月 Motorola 的銥計劃通訊開始運行，在世界各偏遠角落可用 Motorola 衛星手機與外界聯絡，而 2000 年 K2 隊則是使用了 ACeS 公司所提供 Ericson 所生產的同步衛星手機。 1993 年與 2000 年使用的衛星通訊器具的體積、用電、與通訊功能都有巨大的差距，1993 年海事衛星通訊機台可通話與傳真，2000 年的同步衛星手機可通話、收送電子郵件與上網，但因頻寬很窄上網速度如蝸牛般，如今 2020 年大陸一家電信公司在珠穆朗瑪的 ABC 架設了 5G 基地台，登山者在珠穆朗瑪任何角落可滑手機光速的上網。 筆者回想到在 1993 年第一次上到珠穆朗瑪 ABC 的當天下午，暴風雪就來臨，許多物質如太陽能電板及汽油發電機都還沒運到，25W 無線電報話台的蓄電池也快沒電，筆者只能在極度低溫下，抱著蓄電池在睡袋中睡覺，使該蓄電池有足夠的溫

▲ 1993 年珠峰 BC 的海事衛星通訊機

▲ 2000 年 ACeS 衛星手機通訊

33

度，勉強提供電能來維持一天 2 次與 BC 通訊，如此才能得知因惡劣天候羣年無法行動，物資無法運到 ABC，總指揮曾曙生下達全員下撤回 BC，以避免無物資下，登山隊員在 ABC 消耗體力，甚至導致傷病，可見保持通暢通訊對遠征的重要性。當年在珠穆朗瑪 ABC 的筆者要抱電池睡覺，來維持一天 2 次短暫的通話，而今天的攀登者在珠穆朗瑪任何角落可用手機上網，筆者想到此回憶是不勝噓唏的！

▲ 1993 年珠峰 ABC 用太陽電板

▲ 2000 年 K2 ABC 用太陽電板

7 年來，太陽能電板的光電轉換效率在 7 年有顯著的提升，1993 年珠穆朗瑪 ABC 設置有 3 片太陽能電板供通訊及充電用，到 2000 年，K2 ABC 只需 1 片太陽能電板供通訊及充電用。

4 月 29 日早，筆者與老于、謝彌青一起驅車到懷柔登山基地，筆者與當時的基地主任王勇峰及登山教練羅申一起討論遠征的攀登戰略與戰術，並交換了對隊員訓練的看法。 因為本次聯合登山隊是定義為一支小型人數不多的隊伍，所以每位攀登隊員需身兼數職，隊員除攀登工作，還需要對救難技能也要有掌握，這些技能也需要被列入訓練項目中。 K2 的氣候穩定且入山時間長，所以登頂機會較高，攀登戰術由台北攀登隊員負責困難度較低的修繩路工作，為防止失足墜落全線要架繩路。 當晚筆者與西藏體委積嘉女仕共同受邀參加曾主席、老于、兩位副主席的晚宴款待，在此再度銘謝。 次日早上老于與薛雲兩位專程送我到首都機場搭機回美，完成這一里程碑的任務。

台北的第一次海峽兩岸 K2 聯合登山隊的籌備會議是在 1996 年 1 月 6 日舉行的，該會議的主席為張文溪，紀錄為吳錦雄，出席的有陳國鈞、賴滿足、張玉龍、麥覺明、江永達、蔡光隆、許祥麟、朱傲祖、郭喜秋、張銘隆、游啟義與筆者。會議中參與者均毫無保留的提出他們對這次遠征活動的看法與建議。 讀者可能會發現這些與會者最後都沒有參與 2000 年 K2 遠征，可能的原因是台灣登山者均為業餘，有意願參加者，極大的可能是因家庭反對、財務壓力、工作上請不到3 個月的假期、安全考量、或自我評估無法勝任 K2 北稜攀登路線而怯步。 另一個主要原因可能是，筆者是台灣登山界的圈外人，筆者在 1978 年赴美留學，1986 年回台創業，又於 1996 年赴美定居，所以沒有足夠的機會與台灣遠征登山者建立起信任與夥伴關係。 為了這次遠征，筆者也最多能每月回台一次，而每次最停留一週的時間，在這種現實狀況下，筆者是不太能讓台灣遠征登山者產生足夠信心，多認為筆者不能成就這次遠征，換言之，筆者在台灣遠征登山圈子中沒有號召力與公信力吧？

　　台北為準備這次遠征前前後後一共舉行的 31 次會議，在 1998 年 5 月 3 日第 13 次籌備會議之前的會議均是以座談會的形式舉行，爾後的會議是將體能訓練與行前籌備會議一併實施。 一直到了 1998 年 10 月 4 日的第 19 次會議，本次遠征實際成行的台北隊員：游啟義、王金榮、謝江松、謝祖盛與筆者才正式全員出現。 其實筆者翻閱的會議紀錄與出席者簽名名冊、前前後後約有 70 多位山友參加會議，但是最後能成行的攀登隊員只有三位：王金榮、謝江松與謝祖盛。

　　香港隊員楊家聲是到了 1999 年 12 月 5 日在台大體育場所舉行的第 28 次訓練，才第一次與台北隊員會合見面的。

▲ 太炮岩岩攀訓練

　　訓練項目都是由游啟義所規劃及管理的，其中登高負重與雪地的訓練完成了以下的行程，所有行程都要求能負重 30 公斤上下山：

▷ 武陵農場、雪山冰斗雪訓。

▷ 由松雪樓、奇萊北峰縱走奇萊主峰、卡羅樓、奇萊南峰、能高主峰、能高南峰、白石山、安東軍山後下奧萬大。

▷ 由武陵農場、翠池、新達營地、返武陵農場。

▷ 由大禹嶺、合歡金礦、屏風山、返大禹嶺。

▷ 有意願或已決定參加這次遠征活動的山友，可自行作個人的負重登高山與雪地訓練。

　　由 1998 年起有意願或已決定參加這次遠征活動的山友都可參加每個月一次的 10 至 20 公里山路長跑體能訓練，如鄭白山莊跑到湊合橋再回到鄭白山莊，隨後就負重 20 公斤上北插天山，國道馬拉松、曾文水庫馬拉松、政大後門跑貓空，外雙溪故宮跑擎天崗等等。 技術攀登的訓練基本上都是在北投大砲岩或龍洞舉行，前後不下十餘次，訓練內容為各種在攀登時會使用到的攀登技術，如帶手套閉目打各種繩結、平結加套、撐人結、雙套結、蝴蝶結等，拋繩、架繩、負重推上升器上升等等。

▲ 長跑訓練

　　有意參加這次遠征活動的攀登隊員必須通過體能測試；仰臥起坐、伏地挺身、引體向上、雙槓雙臂屈伸、與跑 3,000 公尺計時，執行體能測試都是在台灣大學田徑場舉行的，一共執行了 6 次測驗，測驗日期分別為 1998 年 7 月 5 日、1998 年 9 月 6 日、1999 年 5 月 8 日與 1999 年 9 月 5 日、1999 年 12 月 5 日與 2000 年 3 月 5 日。 筆者在此真要好好感謝游啟義先生的義舉，沒有他無私的投入，台北與香港的隊伍不可能走得出去。

　　攀登 K2 時，冰攀是的每位攀登隊員必要的技能，而台灣並沒有這種訓練場地，為此中國登協為台北隊員安排到河北省密云縣的天仙冰瀑群作冰攀訓練。 於 2000 年 2 月 7 日大年初三，台北隊員游啟義、王金榮、江永達、謝祖盛、謝江松、張鏡澄、郭炎明等由筆者帶隊由桃園機場飛香港轉機到北京首都機場，而香港方隊員楊家聲由香港自行搭火車到北京會合。 抵達北京時老于率中國登協王勇峰、羅申、次洛等五人接機，接機完畢後就直接驅車趕往懷柔登山基地，當晚夜宿在該基地。 第二天早，前往位於北京北方 100 於公里外的河北省密云縣的聚仙瀑，入住由北京登協租下來的農舍，安頓完畢後，開始整理冰攀裝備，並聽取中國登協往後幾日所安排的訓練課目。

▲ 河北聚仙瀑冰攀訓練兩岸隊員

▲ 河北聚仙瀑冰攀訓練

　　2 月 9 日天氣是藍天白雲，聚仙冰瀑高約 100 公尺，當日冰況堅硬，對我們台北隊員而言，這冰瀑訓練場與藍天白雲的氣候的組合，實在是天賜最佳的冰攀訓練場，我們的運氣實在很好。 當天所有的攀登隊員均做了數次百公尺冰攀上升及冰壁下降的訓練機會，這種練習訓練對 K2 的攀登實在有幫助，至少在面對百公尺高的冰壁時不會怯場而不知所措。

⚑ 2 月 10 日負重冰攀聚仙瀑。

⚑ 2 月 11 日繩組冰攀聚仙瀑。

⚑ 2 月 12 日冰攀迷仙瀑。

⚑ 2 月 13 日負重攀登懷柔登山基地附近的九五峰，下午整裝驅車回首都機場搭機回台。

　　這次行程，能讓所有決定參與 K2 遠征的台北與香港攀登隊員，在行前 5 個月接受密集冰攀訓練，真可說是非常珍貴，有了這次訓練後，台北與香港攀登隊員面對著聳高的 K2 的冰壁時，至少不會怯場，或不知所措的。

 ## 募款

　　前面提到過，在 1995 年 1 月時，老于大致估算這次遠征所需要的經費是約為一仟五佰萬新台幣，約美元五十萬，當時筆者在第一時間就問自己要如何去籌措這經費？一仟五佰萬新台幣對當時 1998 年的筆者而言不是個小數目。 出發前一年，1999 年 6 月 9 日，老于來函告知「西藏 14 座 8,000 公尺以上高峰探險隊」已決定以海峽兩岸 K2 聯合登山隊的名義，而不是以「西藏 14 座 8,000 公尺以上高峰探險隊」來參加這次兩岸遠征活動。 到 1999 年止該隊伍已完成登頂 10 座 8,000 公尺以上高峰，是當時世上登 8,000 公尺以上高峰最強的隊伍，該隊的參與對這次 K2 的登頂有決定性的保證。 這麼一來原本小型登山隊就變成由台北 7 人、北京 4 人、新疆 4 人與西藏 15 人所組成的一支大型登山遠征隊伍。 同時老于也將因應這支大型隊伍所需的預算隨函送來，預算金額為美元 $271,976 元，約九佰萬新台幣，該預算比最初版本少 40%。 雖然整體預算有大幅度下降，但對一位研發技術出身，不具公關及宣傳的經驗及能力的人，要爭取到企業贊助，還是一件艱鉅的挑戰，怎麼辦呢？ 當然第一個念頭就是找與筆者經營的事業有商務往來的公司及行號，再者可以聯絡台灣的知名品牌企業，報導戶外活動的媒體，並接洽國際上曾贊助遠征探險的知名企業等來爭取經費，最後不足的金額，就要掏自己荷包及動用老本了。

　　筆者與商務有往來的公司接洽後，承蒙可成科技洪水樹董事長、天邁科技曾憲偉總經理、Thermagon Inc 的 Ms. Carol Latham 等老闆們看得起，而獲得現金的贊助，對筆者是一種無價的鼓勵，在此銘謝！ 筆者在這也要特別感謝山友林娟小姐，筆者與她並不認識，但她主動熱心捐了新台幣 2 萬元，尤其是連親朋好友都避筆者而遠之的狀況下，她的熱心讓我感動！

　　在爭取台灣知名品牌企業的贊助方面，通過與各企業的公關部門聯絡該企業負責人如宏碁施董，鴻海郭董，並同時提交計畫書等等的努力，結果是全軍覆沒。筆者認為是自己不擅於公關，在台灣無知名度，與台灣有錢的老闆們不認識，也沒有打過交道，這時才感受到自己可能好高騖遠，沒有關係就是沒有門路，寒意由背脊竄上來，看來是要傾家蕩產了。 於是就開始嘗試著與國際上經常贊助遠征探險的知名企業接觸如 GoreTech，National Geographic 美國國家地理雜誌，Globalstar 衛星手機公司等，結果也是全軍覆沒。 現在想了一下，國外知名會贊助遠征探險的企業，是沒有理由及誘因去贊助一支由台北、北京、香港、西藏的登山者所組成的 K2 遠征隊，這個隊伍應該是由台北、北京、香港、西藏的政府與民間來贊助支持。 事實上，當本隊進駐 K2 的 ABC 後，得知美國隊、日本隊、與國際隊已經在 K2 的 ABC 紮營了，也發現美國隊的贊助者中就有美國國家地理雜誌，該雜誌也派有隨隊記者，美國國家地理雜誌當然是贊助美國的遠征隊伍。

▲ K2 隊員在 BC 營地看勁報

　　獲得報導戶外活動媒體的贊助及參與，對本次遠征活動是否能夠成行非常關鍵的，不單單是有助於贊助經費的籌措，同時對本次遠征活動能給予報導，是極有助於提高本次遠征活動的知名度，與傳遞給大眾有關極地地理、山文、登山、遠征、氣候、高山醫學、與邊疆的少數民族人文景緻等等的訊息及知識，這類的訊息及知識不是在日常生活、背書考試、或學校課本中可取得的，但卻是一個已開發先進國家的人民應該或多或少擁有的。 聯合報系的民生報曾報導 1993 年海峽兩岸珠穆朗瑪聯合登山隊的遠征活動，該報也派出張銘隆與黃德雄參加遠征擔任記者與攀登隊員的雙重角色，當然 2000 年的海峽兩岸 K2 聯合登山隊也非常期望民生報的參與或贊助。 民生報是在 1978 年創刊的，該報章是專注在「食衣住行育樂」的新聞報導，為台灣人民提供在生活

的知識及新聞信息，登山及遠征當然是在該報的採訪與報導的範圍。 筆者作為本次遠征活動的主辦人兼募款人，當然是迫切期望著民生報的參與及贊助，但卻不能如願以償，民生報並不打算贊助或參與這次遠征活動，背後的原因可能是該報財務上無預算，或許是該報的行政高層或戶外活動新聞的主管，對本次遠征活動與筆者沒有信心認為不可能成行，所以筆者在民生報那是碰了閉門羹，頓時對這遠征隊伍是否成行再度失去了信心。 所幸的是李姐運用她在媒體界的關係，說服了「勁報多媒體」來贊助及報導這次遠征活動，勁報是在 1999 年創刊的，該報的副社長江永慶先生慷慨解囊贊助了新台幣 1 佰萬元，並指派體育戶外組記者劉美芬小姐為這次遠征活動的報導記者，同時該報的主管們，總編輯吳戈卿、副總編輯陳國君、體育組組長楊宗樺都非常熱忱的支持這活動，勁報的雪中送炭對筆者是打了一支強心針，尤其是受到當時台灣戶外活動報刊的一哥的閉門羹之後，那種溫暖的感覺是無價的，在此銘謝！

　　在邀請到勁報之後，李姐再運用她的影響力，說動了 TVBS 電視台的邱復生董事長，讓 ERA 年代影視來參與這次的遠征活動。 ERA 計劃派出隊長、記者、攝影師與 SNG 工程人員共 6 位成員的 SNG 實況轉播隊，計畫隨同遠征隊入山與出山。TVBS 的舉動是創世界紀錄的，就是有人類歷史以來第一將電視實況轉播 SNG 人員與設備派遣到世界極地之一的 K2 山區，計劃將人員與 SNG 設備運送海拔 4,950公尺在喬戈里冰河上的 ABC，這是一次電視實況轉播攀登 8,000 公尺以上高峰的創舉，筆者在以後的章節會再進一步述說該電視轉播的史實，在此銘謝 ！

▲ ERA/TVBS 電視對隊員在 ABC 營地

　　筆者在一生中多次在不同境遇下落入絕境，但是筆者個性基本上不怎麼會求人，落入絕境時，都是抱持著知難行易、天助自助之人、船到橋頭自然直、老天會疼惜有心人、與天無絕人之路等信念，一步步向人生目標前進，而這些智慧寓言，真的在這次募款的過程中應驗了。

　　到 2000 年 3 月底為止，募到的款項只有 8 萬美元，距離 28 萬美元還有 20 萬之差距，當時心中已打定主意要挖自己荷包動用老本來填補這差額的 20 萬美元，男人既然「一言既出」就要「駟馬難追」，「不能黃牛」，我創業過程中，省吃儉用的存下一筆錢其金額剛好夠 20 萬美元。

　　但老天還是疼惜有心人，有一天，當我翻閱於 2000 年 4 月刊的技術雜誌 Infoworld 時，注意到 Ericsson 手機公司推出 R190 衛星及 GMS 900MHz 的雙頻手機，當時在南亞如印尼、菲律賓、新幾內亞等國家，因為島嶼眾多，不容易在短時間內建成手機基地台的佈網，所以印尼國家通訊主管部門請美國洛克希德馬丁公司 Lockheed Martin，成立一家衛星通訊公司 ACeS（Asian Cellular Satellite System），不同於 Motorola 的銥衛星通訊或 GlobalStar 衛星通訊使用低地球軌道多顆衛星的網路，例如銥衛星通訊

Ericsson updates satellite phone

By Terho Uimonen

L.M. ERICSSON Telephone has unveiled a dual-mode mobile phone handset designed to work on a satellite-based network in Asia as well as on 900MHz GSM (Global System for Mobile communications) cellular networks.

Outside the reach of cellular networks, the R190 handset automatically switches to satellite mode and can still be used in areas throughout the Asia-Pacific region covered by the Asian Cellular Satellite (ACES) system, Ericsson said in a statement.

"Although GSM is the world's most widely used mobile phone standard, there are of course still areas where GSM does not reach, and that is where we believe specialty phones such as this one have a role to play," said Bo Albertson, marketing manager at Ericsson Mobile Communications.

Weighing in at 210 grams, the R190 measures 130-by-50-by-32 millimeters, which is not much larger than today's regular mobile phone handsets and significantly smaller than Ericsson's R290, another dual-mode GSM/satellite phone designed for use in the Globalstar worldwide satellite network, Albertson said.

The R190 is also capable of handling data

and fax communications when in GSM mode. It is scheduled to ship in the second half of this year. Pricing will be decided by the operator of the ACES system and its resellers, Albertson added.

The principal owners of the operator, ACES International, are Indonesia's PT Pasifik Satelit Nusantara, the Philippines' Long Distance Telephone, Thailand's Jasmine International Public Company, and Lockheed Martin Global Telecommunications, a wholly-owned subsidiary of Lockheed Martin.

In February ACES International announced that its Garuda 1 global mobile personal communications systems satellite had been successfully launched and deployed into geosynchronous transfer orbit.

Based on the geostationary Garuda 1 satellite, the ACES system allows for a much lower cost structure than other satellite communications systems such as the financially troubled Iridium network, which planned to operate 66 LEO (low earth or-

THE R190 HANDSET *automatically switches to satellite mode and can still be used in areas throughout the Asia-Pacific region.*

bit) satellites, but instead went bankrupt.

ACES International aims to deliver satellite calls at an initial cost below $1 per minute, the company said in a statement.

The ACES system will initially be available in eight Asian countries, with a combined population of about 1.7 billion people. The countries are Bangladesh, India, Indonesia, Pakistan, Sri Lanka, the Philippines, Taiwan, and Thailand. The company is also looking to sign up service providers in additional countries, ACES International said.

ACES International has already signed 43 international GSM roaming agreements covering 26 additional countries, the company said.

Asia Cellular Satellite International Ltd., in Bermuda, can be reached at www.acesinternational.com. L.M. Ericsson Telephone Co., in Stockholm, Sweden, can be reached at www.ericsson.com.

Tehro Uimonen is a Stockholm correspondent for the IDG New Service, an InfoWorld affiliate.

▲ ACeS 手機廣告

系統就 66 顆衛星，ACeS 通訊則是通過位在地球同步軌道的 1 顆衛星。 當時我就聯想到，這次 K2 遠征的對外通訊還沒有著落，如果能得到 ACeS 來贊助衛星手機，未嘗不是解決對外通訊的最好方式，於是在 4 月 19 日筆者發出一封 email 到 ACeS info 電子信箱，介紹這次遠征登山活動，同時邀請 ACeS 來參與及贊助本次的遠征活動，基於先前在募款工作的慘敗，筆者對此也不抱有任何的希望。

▲ K2 隊員在 ABC 營地使用 ACeS 衛星手機

但真是天無絕人之路，在 4 天後， 4 月 23 日筆者收到 ACeS 的企業營運長（COO）Mr. Paul Mellon 由新加坡送出的回函，函內第一段說到：「 I am fascinated by the challenge you have set for yourself and your team and would like to investigate opportunity for ACeS to participate in the event. Thank you for the invitation. 」，原意為：「您與您的隊伍所設定的挑戰讓我著迷，我會研究 ACeS 是否有意參與此次遠征活動，並感謝您的邀請」，看到這封回函實在是窩心，這就是氣度！Lockheed Martin 為美國最大的太空軍事國防科技公司（現為 F16 戰機的製造商），對於有挑戰的事業及活動都會正面的去看待與思考。

筆者還記得宏碁電腦品牌管理組的回函僅僅是說：「貴單位的活動性質與本公司的贊助原則不符」，而鴻海是完全沒有回應。 Mr Paul Mellon 同時在 email 信函上敘述 ACeS Garuda-1 衛星於 2000 年 2 月 12 日成功發射升空進入距地球離地球 3

▲ K2 隊員在 C2 營地使用 ACeS 衛星手機

萬 8,000 公里的同步軌道，這衛星訊號可涵蓋 30 億人，覆蓋範圍為東至斐濟島、南至澳洲、西至巴基斯坦及印度、北至中國大陸，而 K2 是在新疆與巴基斯坦的疆界上，該衛星訊號應該可以覆蓋。 筆者看到 Mr. Mellon 的 email 回函後，就感覺到 ACeS 公司可能正在內部研究，是否可利用這次遠征活動來驗證 ACeS Garuda-1 衛星的訊號，確實能覆蓋到 K2 的山區，與 ACeS 手機在該山區內能有效運作。所以筆者打鐵趁熱在隔天 4 月 24 日，將本次遠征活動的英文計畫書 email 傳給 Mr. Mellon，在 email 信函中筆者斗膽建議，請 ACeS 贊助：（a）美元 $150,000、（b）2 支 R19 手機、（c）2000 分鐘的免費通訊時間，並在同一封 email 信函列出本隊計劃提供給 ACeS 的回饋為：（1）在攀登活動過程中電視或文字採訪過程，將會展示 ACeS 手機運作、（2）在攀登活動過程中所拍攝的照片，會展示 ACeS 的商標與產品、（3）配合 ACeS 發新聞稿等。 Mr. Mellon 非常積極的在 2 天後，即 4 月 26 日就回應，Mr. Mellon 會知筆者，他現在正與衛星製造商 Lockheed Martin 與衛星 GMS 手機製造商 Ericsson 協調有關贊助及衛星通訊的技術細節，例如手機與筆電的連結技術等，還有 ACeS 的正式商運日是訂在 2000 年 8 月 1 日，但是試營運期是訂在 6 月 1 日開始，所以 Mr. Mellon 建議這次的遠征活動會由 Lockheed Martin、ACeS 與 Ericsson 一起參與贊助，Mr. Mellon 也請筆者提出贊助合約書。萬歲！ 由第一次去信到 ACeS 到取得原則上同意贊助的時間只有 7 天，老天真是疼惜有心人。

　　當然既然 ACeS 這麼熱忱，筆者就直接打電話到新加坡給 Mr. Mellon，在電話

中先向他的大氣度及慷慨贊助致以誠摯的謝意，順便向他介紹這次遠征活動，同時商洽贊助的內容。 Mr. Mellon 請我依照商議內容盡快贊助合約撰寫出，好讓 ACeS 能在最短的時間內簽約，這樣子他才有依據來展開推轉動 3 家公司，協調贊助所需的人、事、物與金錢的工作。 筆者用了兩天的時間將英文合約擬出後 email 給他，就靜待 ACeS 對合約內容的修改意見了，因為美國公司基本上對合約這類的文件都會交給公司內部的法律部門或公司外部的律師過目的，該過程少說要 1 至 2 週，但沒有想到的是，ACeS 在一週後， 5 月5日就提出合約的意見。 在雙方多次協商後於 5 月 22 日敲定，贊助為 Lockheed Martin 贊助 50,000 美元，ACeS 贊助 50,000 美元、11 支 R19 手機、1500 分鐘的免費通訊時間、另 1500 分鐘的通訊時間用於促銷 ACeS 手機。 同時 ACeS 會派工程師到北京與筆者一起設定 R19 手機，讓該手機除能通話，也可傳送數碼訊息如收發 email。

對於 ACeS 所提出的贊助內容，筆者心中充滿了感激地欣然接受，尤其是在數一數二的台灣企業，對我的請求拒絕或完全置之不理的狀況下，筆者心中的感激，到現在還是印象特別的深刻。 贊助合約是在 5 月 25 日雙方簽字生效，同一天 ACeS 也將 11 具手機的 IMEI / MEID 及電話號碼傳來，筆者立即轉送到中國登協來辦理無線電器材進口的許可證，同時5支手機由 Ericsson 直接由芬蘭以 FedEx 運到台北，由筆者在 6 月 1 日隨身攜帶到北京，另外 6 支手機將由 ACeS 的代表，會在 6 月 2 日於北京將給筆者。 筆者做夢都沒有想到老天爺會送來這及時雨的贊助，真是老天會疼惜有心人，這及時雨使筆者需投入的金額減少到 $100,000 美元，雖然有掏了老本但還不致傾家蕩產。 下表為 2000 年海峽兩岸 K2 聯合登山隊的贊助經費的捐贈者名單，與捐贈金額明細。

登山經費贊助名單及金額	
捐贈者	金額（US$）
ACeS / Lockheed	$ 100,000，11 具衛星手機及 3000 分鐘通訊
Enertron Inc 航能國際（筆者經營的公司）	$ 50,000
勁報，Power News	$ 32,500（NT 1,000,000）
周德九（筆者）	$ 30,000 + $ 16,500（NT500,000）
Thermagon Inc, Carol Lathem CEO	$ 10,000
可成科技，洪水樹董事長	$ 9,800（NT 300,000）
天邁科技，曾憲偉總經理	$ 2,940（NT 100,000）
林娟	$ 655（NT 20,000）
台北香港隊員自費	$ 24,500（NT 750,000）
總計	
$ 276,895（美元）	

當然，近 30 萬美元是個大數目，但是以一支遠征隊有 15 位攀登隊員而論，該經費還是很低廉的，我們就拿 20 年後的今天如果一位攀登者，要計畫參加商業性質的登山隊，在尼泊爾攀登珠穆朗瑪，一位登山者就要準備 6 至 7 萬美元，以支付攀登許可、陪同的雪巴嚮導、氧氣瓶、民工、攀登器材等等，而由巴基斯坦側攀登 K2，一位登山者就要準備 4 至 5 萬美元。

裝備器材的採購與贊助

在任何大型的攀登 8,000 公尺以上高峰的遠征活動中，團體與個人的登山裝備是非常關鍵且昂貴的，許多的攀登器材的只使用一次，因為哪些在高地的裝備基本上是運不下山的；一是沒有能力運下山，二是無法被拆解運下山，三是被冰雪埋掉了，這種狀況與在登海拔 5,000 公尺以下的高山不同。 一般而言，登 5,000 公尺以下高峰時，除食物因為已消耗，無需帶下山，其他的登山用的器材、裝備與衣物都能隨著主人，放在背包中或穿在身上下山。 但在攀登 8,000 公尺以上高峰的攀登中，最常被丟棄沒有被帶下山的是氧氣瓶，因為在登頂的路途中空氣極其稀薄，大約只有在海平面 1／3 的密度，攀登隊員已經體力透支的向高處攀爬時，當一支氧氣瓶內的氧氣用盡，只能將該用盡的氣瓶放在攀登的路徑邊。 原打算登頂後下撤時，再取回帶下山，其立意良好但是實際上可能是在登頂後下撤期間，大雪已掩埋

▲ 上運到海拔 7500 公尺 C3 營地的氧氣瓶

該氣瓶，或下撤時的路徑有偏差沒有看到滯留的氣瓶，或即使有看到氣瓶，也實在沒有力量將該氣瓶撿拾起放在背包中。 還有肯定會被留置在山上帶不下山的攀登器材如：固定繩、鋁梯、雪樁與冰樁等等，這些攀登設施被留置在山上而不被拆解運下山的原因有多種；一支隊伍在超過海拔6000 公尺的高處，長期生活 1 到 2 個月的登山者，基本上體能是在持續衰退中，多次向上修固定繩、鋁梯、運補與攀登的行動，對攀登隊員體能上的消耗是很巨大的，當隊伍在攀登結束前，不管成功登頂與否，下撤時，攀登隊員基本上都沒有多餘的體力將這些攀登設施拆卸下來。 另外這些裝置如有遭受到大雪、雪崩或冰崩時就會被蓋埋、流失或者被沖走，也是造成無法將這些裝置拆卸運下山的主要原因。

▲ 攀登用鋁梯與安全繩路

先行下撤結束攀登活動的隊伍，通常也不會將這些裝置拆除，好讓還沒有完成攀登活動的其他攀登隊伍使用，這是 8,000 公尺以上高峰攀登活動各隊伍間，互惠及彼此幫助的不成文禮儀。 高海拔攀登用雪地帳也是常常沒有被帶下山的登山裝備之一，最主要的原因是被強風吹壞或吹走，還有是遭受到大雪、雪崩或冰崩時就會被蓋埋、毀損或者被沖走。 而上面所提到的裝備及器材是在所有攀登用的裝備及器材中算最昂貴的，遠征攀登 8,000 公尺以上高峰就與與打仗類似「槍聲一響，黃金萬兩」。 在這次海峽兩岸 K2 聯合登山的協議中，對各種裝備與器材的採購有清楚的規範，以下是負責單位及其所採購的項目：

大陸方北京及西藏隊員需自行準備的個人裝備為：

睡袋、厚羽毛褲、登山健行鞋、運動鞋、高山眼鏡、高山保溫水壺、防潮睡墊、工具刀、與個人內衣褲等等。

由台北提供 $15,000 美元由北京採購的裝備與器材如下：

極地帳	10 頂
4mm 營帳繩	200 公尺長
8mm 修路繩	2000 公尺長
9-11 人套鍋 ABC 用	3 套
4-6 人套鍋 C1 - C5 營用	5 套
AA 乾電池	300 個
12V-15Ah 蓄電池	2 個
氧氣瓶	20 瓶
氧氣面罩與壓力調節器	7 套
氧氣瓶管路 3 通	3 個
高地瓦斯 230 公克	60 個
高地瓦斯 470 公克	150 個
瓦斯爐頭	20 個
瓦斯燈頭	10 個
備用燈頭紗套	50 個
民工背架	40 個
隊員背架	10 個
BC 炊事帳 505cmx415cmx165cm	1 個
BC 大營帳 457cmx366cmx210cm	2 個
ABC 炊事帳 505cmx415cmx165cm	1 個
ABC 大營帳 457cmx366cmx210cm	1 個

由台北採購 $20,000 美元的裝備與器材如下：

9mmx50M 主繩	10 條
6mmx300 英尺副繩	2 捲
雙重登山鞋	12 雙
雙重登山鞋鞋罩	12 雙
PP 手套	30 雙
極地連指手套	12 雙
扁帶	100 公尺
極地帳	2 頂
安全吊帶	12 個
冰斧	12 支
冰爪	12 雙

T 型雪樁	50 支
管狀冰螺樁	50 支
岩樁	60 支
變 D 型保險鉤環	100 支
變 D 型鉤環	100 支
雪鈑	5 片
冰鎚	5 片
8 字下降環	12 支
雪杖	20 支
頭燈	12 支
25 瓦 144Mhz 車載式無線電對講機	2 台
5 瓦 144Mhz 手持式無線電對講機	15 台
高倍數反射式望遠鏡與三腳架	1 組

　　在爭取登山裝備與器材的贊助方面，因成功登頂 1993 年珠穆朗瑪，所以曾經贊助當年該遠征活動的三家台灣的知名登山健行旅遊用品公司；歐都那公司、飛狼露營旅遊用公司與冰岩實業公司，都再度慷慨的贊助裝備給 2000 年海峽兩岸 K2 聯合登山隊，筆者再次代表登山隊，在活動結束的 20 年後，向三個企業與各董事長或負責人致謝意，他們贊助的裝備與器材，是給了聯合登山隊起到了很大的幫助。 下列是各企業所贊助的項目與數量：

由台北歐都那程鯤董事長贊助的裝備：	
Windstopper 帽	30 頂
45+10 Aircontact 背包	30 個
防水背包套	30 個
BC 與 ABC 隊員用 4 人營帳	35 頂
BC 與 ABC 隊員用 8 人營帳	5 頂
民工用 4 人營帳	15 頂
防風手套	36 雙
玻纖營釘	11 組
瓦斯爐頭	5 個
瓦斯罐	20 個
登山隊隊旗	9 面
運送袋（袋外印隊名）	70 個
由台北飛狼徐宏煥董事長贊助的裝備：	
Goretek 隊衣與 Polartec 內裡	37 件
高地羽毛衣	37 件
高地羽毛睡袋 與 Fleece 內層	20 條
高地羽毛褲	10 條

由台北冰岩實業陳睦彥先生約贊助的裝備：	
雙重登山靴用襪	15 雙
頂級登山襪	26 雙
排汗內裡襪	26 雙
健行用襪	52 雙
雙層防風夾克	25 件
Polartec 200 褲	13 條
排汗長內衣	50 件
排汗長內褲	25 條
上昇器（左右各一組）	20 組
由台北航能國際負責人 (筆者) 贊助的裝備：	
BC 用 40 瓦高效率太陽能電板	1 片
ABC 用 30 瓦高效率太陽能電板	1 片
140 瓦直流電轉交流電轉換器 INVERTER	3 具

　　登山隊在活動過程中或結束後，都有依照文字或口頭君子協議來一一執行的回饋，但是很遺憾的是唯一沒有能做到的回饋，是無登頂簽名照片可以送給各贊助企業或是個人，讀者如已經閱讀到這裡，應可大致理解一次大型 8,000 公尺以上高峰的遠征與攀登活動，所需要付出的人力、物力、財力、精力、與時間是非常龐大的。 大陸與西藏的登山者如成功的登頂 8,000 公尺以上高峰，是等同拿到奧運金牌，登頂者會被歸納成國家級運動員，登頂者從此一生是受當地政府照顧的。 在台灣，官方是不會提供資源給這麼有意義的遠征活動的，因為基本上在台灣搞體育的官員與學界不認為登高 8,000 公尺以上高峰是「運動」，所以台灣的登山者即使能成功登上高 8,000 公尺以上高峰的峰頂，登頂者也不會像其他「運動」員，在得到奧運或亞運等國際型競賽的獎牌時，可以得到政府在精神與實質上的鼓勵。

　　登 8,000 公尺以上高峰的過程中是非常孤獨的，登山過程中是沒有觀眾與沒有掌聲的，上山時是困難又險峻，登頂並不等於成功，因為還需要下山回到 BC 才算是成功，但是下山時是更難更險，因為該登山者的體力幾乎已消耗殆盡，氧氣也用完，缺氧會造成肌肉無法有氧來產生熱量，在極度低溫及強風下，失溫凍傷是常見的事，許多成功登頂的登山者在下山時，因體力不支不是失足墜落身亡，或是無體力再向前行進一坐下休息後就與世長辭了。 海拔 6,000 公尺以上的山區基本上是無法被營救的，登山者必須要自行下山，登山夥伴是無法協助你或攙扶你下山的，切切不要以海拔 5,000 公尺以下的山區的救難觀念去看待海拔 6,000 公尺以上的攀登

行動，登山者在海拔 5,000 公尺以下的山區受傷時或死亡時，只要用無線電或手機聯絡救難單位，直升機就上山，山難救援大隊就會上山將傷者或亡者抬下山。 所以，攀登 6,000 公尺以上高峰登山者的勇氣與決心應該是最被大眾敬佩的。 人類之所以能持續的進步，就是在過去、現在與未來有許多探索者，探索天空、太空、極地、海洋、高峰、深海、科學與藝術等等，人類的文明是建立在探索上的，有部分的探索是由政府支持是因為該探索事關國安與國家前途，但還有許多的探索是由社會、企業、與個人支持的，愈文明與進步的國家這種由社會、企業與個人所支持的探索就愈普遍，2000 年 K2 遠征活動如沒有得到社會、企業、與個人的支持是無法成行的。

本隊也製作了一面贊助隊旗，旗幟上印有各主要贊助公司的企業標誌，並且由所有隊員簽名後，在活動完畢後贈送給各主要贊助公司作為紀念。

▲ 所有隊員簽名的贊助旗

電視 SNG 轉播隊

前面曾提及過，李姐運用她的影響力説動了 TVBS 電視台邱復生董事長，派出了 ERA 年代影視電視轉播隊，這支電視轉播隊將有 6 位成員，其中有隨隊記者 1 位、攝影師有 3 位及 SNG 工程人員有 2 位。 他們是隊長兼記者陳建鄂，攝影師廖東坤、李正偉與江俊彥，SNG 工程陳國勳與吳俊龍。 順便介紹一下陳建鄂先生，他當時是年代影視 ERA 年代影視的台長。 SNG 的英文是 Satellite News Gathering，用於現場新聞實況轉播的移動式通訊設備，該設備通常是廂型車載的雙向音視頻發射接收器、碟形天線、與剪輯設備所組成的，而碟形天線須對準地球同步軌道衛星才能收發音視頻訊號。 讀者們有沒有注意到了廂型車、雙向音視頻發射接收器、碟形天線、地球同步軌道衛星等專有名詞呢？ 這次遠征的的交通工具只有「2 隻腳的 11 路公車」與「4 隻腳卡車的駱駝」，「駱駝」好像無法揹負「廂式車」，那如何將這些 SNG 設備運送到海拔 4,950 公尺的喬戈里冰河上的 ABC 呢？ 尤其路程中除了要翻山越嶺爬過 4,780 公尺的阿格勒達坂（啞口）外，還要多次涉水通過如西遊記故事書中所描寫的通天河，最後一段路是要在冰河的冰磧石上用人力揹負搬運設備。 唯一方法是將箱型車內的 SNG 設備分解到體型較小與重量較輕的獨立單位，再用金屬箱裝這些被分解的器材，每箱的重量不能超過 100 公斤，這重量是駱駝可長期翻山涉水能承受的，這些設備由駱駝背運到了 BC 後，要再次分裝到不能超過 25 公斤的重量，再交給藏族高山協作，用肩背方式將器材由海拔 3,850 公尺的，經喬戈里冰河，運送到海拔 4,950 公的 ABC。 其中最重的器材是碟型天線，重達 47 公斤，這天線也被再次分解成兩件運送。 這次活動將電視 SNG 轉播隊的人員及器材，派遣到世界極地之一，位在喬戈里冰河的 ABC，可説是前無古人的創舉，至於何時再會有這種類似的行動，可能短期內會是後無來者，因為聽老于説，該區域已被劃為保護區，因此沒有再開放登山，即使將來開放後，也很難想像有哪一支遠征登山隊伍會投入這的龐大的人力、物力、及財力去做 SNG 電視轉播。

▲ 電視隊的 SNG 設備由駱駝背負上阿格勒達坂（啞口）

▲ 電視隊的 SNG 設備由駱駝背負過勒克青河

1996 年 K2 探勘隊

　　K2 共有六條主稜；北稜、東北稜、東南稜、南南西稜、西稜、與西北稜，其中中國與巴基斯坦的疆界是沿著西北稜與東南稜而劃定的。 90% 的登頂者是由巴基斯坦 Godwin Austen 冰河而上再沿東南稜攀登登頂的，登頂次數第二多的是北稜路線，北稜是由新疆側的喬戈里冰河而上的，由東北稜與西稜登頂的次數及人數是最少的，東北稜的攀登路線至今為止都是由巴基斯坦 Godwin Austen 冰河而上，而西北稜的登頂路線可以由新疆側的喬戈里冰河而上，或可由有由巴基斯坦側的 Savoia 冰河而上。 前文提到過在 1999 年以前由新疆測入山攀登 K2 北側的隊伍不超過 13 個隊伍，但由北稜北壁或西北壁登頂只有 23 人，下列為各隊伍的資料、入山日期、及攀登結果：

1982 年 5 ～ 8 月	日本山岳協會	北稜 7 人登頂 — 2 人登頂下撤時在三角雪田處墜落喪生
1982 年 7 ～ 9 月	波蘭登山隊	北稜 8,200 公尺 — 未登頂
1983 年 5 ～ 7 月	義大利登山隊	北稜 4 人登頂
1986 年 6 ～ 8 月	美國登山隊	北稜 8,100 公尺 — 未登頂
1986 年 5 ～ 8 月	法國登山隊	北稜 8,000 公尺 — 未登頂
1990 年 5 ～ 8 月	日本橫濱山岳協會	西北壁至北壁 2 人登頂
1990 年 7 ～ 8 月	美國登山隊	北稜 3 人登頂
1991 年 7 ～ 8 月	義大利登山隊	北稜 8,200 公尺 — 未登頂
1993 年 7 ～ 8 月	俄羅斯登山隊	北稜 6,800 公尺 — 未登頂
1993 年 7 ～ 8 月	西班牙登山隊	北稜 8,000 公尺 — 未登頂
1994 年 6 ～ 8 月	美英登山隊	西北稜 — 未登頂
1994 年 6 ～ 8 月	西班牙登山隊	北稜 4 人登頂
1996 年 6 ～ 8 月	義大利波蘭登山隊	北稜 3 人登頂 — 1 人登頂下撤時墜落喪生
1998 ～ 1999 年	無隊伍入山	

　　北稜自 1982 年開放登山至 1999 年之間，大陸並沒有派出過一支登山隊伍攀登 K2 過，所以以中文撰寫的運補及攀登資料基本上是缺乏的，本隊出發前，必須派出一支探勘隊，針對由喀什到 BC 做一次完整的調查。 1996 年 1 月 6 日時，在李姐所經營的頤倫傳播所舉行的第 1 次海峽兩岸 K2 聯合登山隊的台北籌備會中，一位台灣的登山好手江永達在會議上表達，他與另一位登山與攝影好手江國華，有意願自告奮勇地自行組織一支兩人的探勘隊。 江永達曾經在 1993 年成功登頂世界第 5 高 8,201 公尺的卓奧友 Chu Oyu，他當時是一位金飾師傅。 江國華當時已擁有 10 年的登山經驗，且曾經多次深入新疆與西藏地區探索了解當地的地理民情，他當時是一位專業攝影家。 兩位江先生是探勘隊最好的組合，於是筆者就馬上贊助新台幣 5 萬元，同時大地地理雜誌也贊助他們兩位新台幣 6 萬元與 100 捲底片，其他山友也贊助經費、醫藥、與意外險等，兩位江先生的好友許祥麟所經營的南湖企業也提供登山衣物、睡袋、與睡墊等物資後，於 1996 年 8 月 21 日帶著新台幣 41 萬元的路費由台北出發前往 K2 山區。 大地地理雜誌 1997 年 5 月號第 110 期第 72 至 86 頁對這次的探勘行動有非常詳細的報導，那篇報導是由江永達撰文攝影，江國華提供資料，再由大地地理雜誌資深專業編輯丁琪先生所整編出的。 他們倆位出發前，筆者請他們將由伊利克到 BC 的路徑中的重要地形地貌要做攝影外，路徑中的岔路要將以 360 度方式拍攝下來，如天氣與體力許可下，盡力走到位在喬戈里冰河上的海拔 4,700 公尺運補營，在該位置應該可以看到 K2 的北稜，請兩位在該位置以大約 800 公尺間格分段方式，用望遠鏡頭拍攝北稜的攀登路線，這些照片是對筆者研判在 2000 年攀登過程中各各高地營的可能被架設的位置點。

▲ 探勘隊雇用的駝隊

但很不巧的，在他們兩位費盡全力由 BC 向喬戈里冰河上的運補營前進時的路程中，在經過一段崖壁時，而該崖壁一直有落石及冰塊落下，導致陪同的駝工麻穆先生拒絕在向前走，就將他們兩位的營帳、睡袋、與登山繩等裝備由駱駝背上卸下丟給他們兩位後，就逕行下山回 BC 了。 他們兩位只能咬牙的前進走了 5 個小時，其中穿過無數的冰塔才到達喬戈里冰河上的運補營。 隔天早上他們兩位原本計畫行進到到海拔 4,950 公尺的 ABC，可惜當日天空不作美，烏雲籠罩能見度不到 20 公尺，只能下撤，因此無法完成如用望遠鏡頭拍攝

▲ 在阿格勒達坂營地旁塔吉克牧民一家

北稜，他們的心情沮喪的程度，不是一位沒有作過遠征活動的人可以深刻體會的。想想一路跋山涉水了走了 8 天，這 8 天是不包括由台北經香港、烏魯木齊、喀什、莎車、葉城、麻扎、伊利克間的飛機及汽車的顛簸。 他們兩位帶回極其寶貴的，由伊利克到喬戈里冰河上的運補營間的第一手資料及幻燈片，這些資料為 2000 年的遠征活動提供非常重要的資訊。 他們兩位也是台灣第一人進入喬戈里冰河，事實上曾經到達過喬戈里冰河上的運補營的大陸漢人，或世居於週邊區域的少數民族的人數有不多，所以他們兩位這次的探勘式是次創舉。

筆者在 24 年之後向他們兩位致敬與銘謝，同時筆者也要向他們兩位道兩個歉，第一個致歉是，在他們的這次探勘，筆者除了贊助一點經費外，並沒有對他兩位付出更多的關心與協助，其原因是前文提及過筆者的妻子在 1995 年 11 月被診斷出肺腺癌第 4 期後，筆者決定將事業及籌備遠征兩項工作先擱置在一旁，所以沒有心力去對這次探勘作更多的關心與協助。 第二個致歉是，當時筆者的一項決定導致他們兩位拒絕參加 2000 年的遠征隊伍，筆者依稀記

▲ 江永達越過馬鞍山下 BC

得在 2000 年遠征隊伍出發前，有一次會議中，江國華要求在 2000 年遠征活動後，能以他的工作室的名義發表影照片、作品展、及出版 K2 遠征的書籍，江國華他當時擁有一間工作室，其店名為「喬戈里錄影工作室」，可見他對 K2 的醉心與嚮往。 但當時筆者認為遠征活動所產出的文宣，應該是屬於這支隊伍的智慧資產，這支隊伍的之所以能成行，是因為有許多贊助者慷慨解囊的，所以回絕江國華的要求。 筆者當年的個性是，具有強烈的研發技術人的執著，對人事物的認知中只有白與黑，以致在扮演這次遠征活動領導的角色時，沒有彈性，事實上當時在參與遠征活動的山友個人財務都不充裕，一般而言年紀都在 35 歲以上，多有家室，先要用幾年的時間來賺到足夠的遠征經費，在遠征活動期間有 3 到 4 個月是無法工作，所以沒有收入，當然希望能在活動後，能以個人的名義發表影照片、作品展、及出版遠征書籍，一來賺取收入彌補財務缺口，二來提高個人在登山界的知名度，可幫助往後日子的生涯發展，以上都是人之常情，但是在筆者告知江國華本次遠征活動所產出的文宣，應該是由這隊伍來統一發表，如有收入也當歸屬隊伍。 兩位江先生身為共患難的摯友，不能接受筆者的規定，共進退不參加這次遠征登山活動，當時筆者腦筋卡卡不靈光不知迴轉，再加上募款、家事、公事、雜事等佔據著筆者的腦袋瓜，沒有能夠作一些有彈性的調整，而導致兩位江先生不能接受這項規定，而決定不參加這次遠征活動。 在活動結束後的 20 年間，筆者時常想到這往事，常常責備自己，想踢自己的屁股，為何在當時沒能彈性的處理該狀況，讓事緩則圓，使兩位能圓攀登 K2 的夢，所以筆者在此再向兩位江先生致上誠摯的道歉。

 ## 西藏攀登世界 14 座 8000 公尺以上高峰登山探險隊 ─────

　　經西藏自治區人民政府批准，西藏自治區體委從西藏登山隊挑選出一批精英，於 1992 年底正式成立「中國西藏攀登世界 14 座海拔 8,000 米以上高峰探險隊」。當時有 12 位成員：隊長桑珠，副隊長旺加，攀登隊長次仁多吉，主力隊員邊巴紮西、仁那、大齊米、達瓊、加布、洛則，隊員兼攝影師阿克布，另外還有隊醫兼後勤總管洛桑雲登、翻譯張明興（後由穆薩、普布次仁接替）。 到 1999 年止該隊伍已完成登頂 10 座 8,000 公尺以上高峰：

山名	海拔公尺	原定日程	執行成果
安納普爾納 Annapurna	8,091	1993 年 3 ～ 7 月	成功登頂
道拉吉理 Dhaulagiri	8,172	1993 年 3 ～ 7 月	成功登頂

希夏邦瑪 Shishapangma	8,012	1994 年 4 ～ 5 月	成功登頂
卓奧友 Cho Oyu	8,201	1994 年 8 ～ 9 月	成功登頂
迦舒爾布魯姆 1 Gasherbrum I	8,068	1995 年 6 ～ 8 月	失敗
迦舒爾布魯姆 2 Gasherbrum II	8,034	1995 年 6 ～ 8 月	成功登頂
馬納斯魯 Manaslu	8,156	1996 年 4 ～ 5 月	成功登頂
南迦巴爾巴特 Nanga Parbat	8,152	1997 年 4 ～ 7 月	成功登頂
干城章嘉 Kangchenjunga	8,586	1997 年秋季	1998 年 3 ～ 4 月 成功登頂
喬戈里 K2 Qogri	8,861	1998 年春季	改登干城章嘉而沒有如期執行
迦舒爾布魯姆 1	8,068	1999 年 6 ～ 8 月	被延期
珠穆朗瑪 Everest	8,848	2000 年春季	1999 年 3 ～ 5 月 成功登頂
洛子 Lhotse	8,516	2000 年春季	1998 年 8 月成功登頂
布洛阿特 Broad Peak	8,047	2001 年	
馬卡魯 Makalu	8,463	2002 春季	

　　由於原先已訂下執行的任務，因此西藏 14 座 8,000 公尺以上高峰登山探險隊無法分配出人力來參與海峽兩岸 K2 聯合登山隊的行動。 而原 1997 秋季年計畫去登干城章嘉的任務，因故被延到 1998 年的春季來執行，所以原計畫在 1998 年的春季登 K2 就被延後了，西藏在 1995 年就知道台北與北京在籌劃在 2000 年 6 至 8 月聯合攀登 K2 的計畫，所以在 1998 年時，調整任務，將原計畫在 2000 年春季攀登珠穆朗瑪與洛子，提前到 1999 年 3 至 5 月攀登珠穆朗瑪，1998 年 8 至 9 月攀登洛子。 如此一來，該隊就可以參加 2000 年 6 至 8 月所舉行的海峽兩岸 K2 聯合登山活動。 當然這樣的安排有其背景因素，第一個因素，當然是在支持大陸官方的海峽兩岸互利互助合作的政策，第二個因素是，財務經費，前面提到過遠征花費是龐大的，海峽兩岸 K2 聯合登山隊的所需的經費、登山器材與裝備協議是全部由台北負責籌措，所以如果該探險隊能參加 2000 年海峽兩岸 K2 聯合登山隊，就可在不需要西藏登協出錢的狀況下，有機會登頂 K2，這是一舉兩得與一石二鳥的互利抉擇。

　　雖然在 2000 年，海峽兩岸 K2 聯合登山隊無緣登頂，但西藏 14 座 8,000 公尺以上高峰登山探險隊持續的執行西藏登協所賦予的任務，從 2001 年開始，有小札西次仁、邊巴頓珠、普布頓珠、小邊巴札西和索朗札西仁加入探險隊，終於在 2007 年 12 月完成登頂 14 座 8,000 公尺以上高峰：

山名	登頂日程
布洛阿特	2001 年 6 月 30 日
馬卡魯	2003 年 5 月 14 日
K2	2004 年 7 月 27 日
迦舒爾布魯姆 I	2007 年 7 月 12 日

大陸境內的支出費用

　　從 1995 年剛開始籌備這次遠征時至 1999 年，期間人事物有很大的變化，原本在 1996 年表達有意參加的登山好手，例如吳錦雄等的 1993 年海峽兩岸珠穆朗瑪聯合登山隊的隊員，都因為個人或其他的因素無法參加。 大陸方面也是一樣，本來王勇峰是被中國登協內定為 2000 年海峽兩岸 K2 聯合登山隊的攀登隊長，但到了 1999 年王勇峰有了新的特定任務以致無法如原計畫參加。 1995 年時候，西藏沒計畫參與這次的遠征活動，來到了 1998 年，西藏登協的決定派遣 14 座 8,000 公尺以上高峰登山探險隊參加本次的遠征後，老于就立即在 1999 年 6 月 9 日依照台北 10 人，北京 10 人，與西藏 9 人的隊伍提出第二版次的總金額美元 \$272,976 的預算書的預算。 但一年的時間的變數還是很大的，出發前 6 個月中，台北因為筆者的決定，讓至少三位台灣的登山好手轉念不參加這次的遠征，北京因為有其他重要的國際登山任務要同時執行，也只能派出兩位攀登隊員，而西藏的攀登隊員仁那在出發前，因故不能參加這次遠征，所以最後成行的登山隊成員為台北 5 人、北京 4 人、與西藏 9 人，加上陪同隊伍到伊利克而不入山的有台北 1 人、北京 1 人、與西藏 1 人。 在成員被確定後，老于於是立即在出發前的 12 天，2000 年 5 月 8 日將最後一版次，大陸境內的支出費用預算發給筆者，預算中列有四大項：人員運輸費、物資運輸費、食宿費、與其他費用。 所有大項的費用以物資運輸費為最高，而其中駱駝運費是佔了物資運輸費的 56%，也是佔了總支出的 23%，雖然駱駝運費是這麼高，但是沒有駱駝就無法攀登 K2，這是個無法規避的現實問題。

下列是最後一版次的在大陸境內的支出費用預算明細：

人員運輸費	
拉薩－北京	12 人 x 310 美元 x 2 趟 = 7,440 美元
北京－烏魯木齊	21 人 x 246 美元 x 2 趟 = 10,332 美元
烏魯木齊－喀什	21 人 x 130 美元 x 2 趟 = 5,460 美元
航空物資運輸	1,000Kg x 3.76 美元 x 2 趟 = 7,520 美元
喀什－葉城（吉普車）	300Km x 0.6 美元 x 10 台 x 4 趟 = 6,480 美元
葉城－麻扎達拉（吉普車）	350Km x 0.6 美元 x 10 台 x 4 次 = 7,560 美元
總計	44,792 美元

物資運輸費		
台灣物資入關手續費、運輸費等 （不包括關稅）	2,000 美元	
北京－烏魯木齊（10T 集裝箱）	1,800 美元	
北京－烏魯木齊 （危險品運輸：包括氧氣、煤氣罐等）	5,300Kmx0.6 美元 x1 台 x 1.5 = 4,700 美元	
烏魯木齊－麻札達拉（卡車）	2,100Kmx0.9 美元 x2 台 x1.5 = 5,670 美元	
麻扎達拉－烏魯木齊（卡車）	2,100Kmx0.9 美元 x1 台 x 1.5 = 2,835 美元	
運藏族食品及裝備	3,000 美元	
烏魯木齊—北京（10T 集裝箱）	1,800 美元	
駱駝運費（每頭駱駝運 70～ 80kg，另需 10 頭運沿途用草料）	進山	80 頭 x 27 美元 x 13 天 = 28,080 美元
	出山	30 頭 x 27 美元 x 13 天 = 10,530 美元
D1 － ABC 民工（25Kg/ 人）	30 人 x $180 / 人天 x 1.5 天 = 8,100 美元	
總計	68,515 美元	

食宿費	
台北與香港隊職員在北京	6 人 x 2 天 x 60 美元 = 720 美元
西藏隊職員在北京	12 人 x 5 天 x 30 美元 = 1,800 美元
烏魯木齊	22 人 x 2 天 x 50 美元 = 2,200 美元
喀什	22 人 x 3 天 x 50 美元 = 3,300 美元
葉城	22 人 x 4 天 x 30 美元 = 2,640 美元
BC 及沿途伙食	21 人 x 90 天 x 13.5 美元 = 25,515 美元
總計	36,175 美元

其它費用	
汽油 300Kg （BC 及 ABC 發電機及 ABC 炊事用）	150 美元
5 加侖汽油鐵筒	15 個 x 40 美元 = 600 美元

煤氣罐 (BC 及沿途用)	20 罐 x 180 美元 = 1,600 美元
環保費	21 人 x 40 美元 = 840 美元
人員保險費	16 人 x 100 美元 = 1,600 美元
汽車養路費	卡車 3 台 x135 美元 = 405 美元
汽車養路費	吉普車 12 台 x 81 美元 = 970 美元
壯行會	3,000 美元
預備金	10,000 美元
總計	19,165 美元
	總支出費用為 168,647 美元

電視轉播隊的 6 位成員與支援電視轉播的 6 位藏族高山協作的費用由 ERA / TVBS 統籌與支付，並不被包含在上面所列的清單中。

 ## 登山隊成員及登山紀錄

這一章節是介紹 K2 聯合登山隊職員的組成，以及各成員在登山隊中的任務與登山經歷：

西藏成員， 2000 年時的年齡及 8,000 公尺以上山峰的登頂紀錄

顧問	西珠朗杰		西藏體委副主席 （不入山）
領隊	桑珠	46 歲	珠穆朗瑪登頂（8848 m） 1975 「西藏 14 座 8,000 公尺以上高峰探險隊」隊長
攀登隊長	次仁多吉	39 歲	珠穆朗瑪（8,848 m）1988, 5/1999 北上南跨越，創頂峰停留 99 分鐘世界紀錄
			希夏邦瑪（8,012 m）1991, 5/1994
			安納普爾納（8,091 m）4/1993
			道拉吉理（8,172 m）5/1993
			卓奧友（8,201 m）9/1994
			迦舒爾布魯姆 II（8,034 m）7/1995
			馬納斯魯（8,156 m）5/1996
			南迦巴爾巴特（8,152 m）5/1997
			干城章嘉（8,586 m）4/1998
			洛子（8,516 m）9/1998
攀登隊員	加布	40 歲	珠珠穆朗瑪（8,848 m）1990, 5/1999
			希夏邦瑪（8,012 m）1981
			道拉吉理（8,172 m）5/1993
			卓奧友（8,201 m）9/1994
			迦舒爾布魯 II（8,034 m）7/1995
			馬納斯魯（8,156 m）5/1996
			南迦巴爾巴特（8,152 m）5/1997
			干城章嘉（8,586 m）4/1998

攀登隊員	邊巴扎西	34歲	◍ 希夏邦瑪（8,012 m）5/1994 ◍ 安納普爾納（8,091 m）4/1993 ◍ 道拉吉里（8,172 m）5/1993 ◍ 卓奧友（8,201 m）9/1994 ◍ 迦舒爾布魯Ⅱ（8,034 m）7/1995 ◍ 馬納斯魯（8,156 m）5/1996 ◍ 南迦巴爾巴特（8,125 m）5/1997 ◍ 干城章嘉（8,586 m）4/1998 ◍ 洛子（8,516 m）9/1998 ◍ 珠穆朗瑪（8,848 m）5/1999
攀登隊員	洛則	38歲	◍ 珠穆朗瑪（8,848 m）1990, 5/1999 ◍ 道拉吉理（8,172 m）5/1993 ◍ 希夏邦瑪（8,012 m）5/1994 ◍ 卓奧友峰（8,201 m）9/1994 ◍ 迦舒爾魯Ⅱ（8,034 m）7/1995 ◍ 馬納斯魯（8,156 m）5/1996 ◍ 南迦巴爾巴特（8,152 m）5/1997 ◍ 干城章嘉（8,586 m）4/1998 ◍ 洛子（8,516 m）9/1998
攀登隊員 兼攝影師	阿克布	37歲	◍ 安納普爾納（8,091 m）4/1993 ◍ 道拉吉里（8,172 m）5/1993 ◍ 希夏邦瑪（8,012 m）5/1994 ◍ 卓奧友（8,201 m）9/1994 ◍ 迦舒爾布魯Ⅱ（8,034 m）7/1995 ◍ 馬納斯魯（8,156 m）5/1996 ◍ 干城章嘉（8,586 m）4/1998 ◍ 珠穆朗瑪（8,848 m）5/1999
攀登隊員	小齊米	35歲	◍ 希夏邦瑪（8,012 m）1990, 1991 ◍ 海峽兩岸聯合登山珠穆朗瑪（8,848 m）5/1993
攀登隊員	扎西次仁	34歲	◍ 珠穆朗瑪（8,848 m）4/2000
攀登隊員	拉巴	35歲	◍ 珠穆朗瑪（8,848 m）5/1999

▲ 藏族攀登隊員

隨隊醫生　　　洛桑雲登

北京成員，2000 年時的年齡及登 8,000 公尺以上山峰的登頂紀錄

總顧問	曾曙生		中國登協主席（不入山）
顧問	李致興		中國登協副主席（不入山）
顧問	于良樸		中國登協秘書長
攀登隊員 兼教練	羅申	37 歲	中國登協教練 ● 珠穆朗瑪（至 8,000 m）1988, 1998
攀登隊員 兼教練	次洛	23 歲	● 珠穆朗瑪登頂（8,848 m）5/1998

台北與香港成員，2000 年時的年齡及登山紀錄

總顧問	李淳蓉		● 1993 年海峽兩岸珠穆朗瑪聯合登山總籌劃兼隊長（不入山）
教練	游啟義	63 歲	● 珠穆朗瑪（5,500 m）3/1993
領隊	周德九	46 歲	● 珠穆朗瑪（7,500 m）3/1993
攀登隊長	王金榮	40 歲	● 珠穆朗瑪（7,800 m）1994 ● 卓奧友（7,800 m）1991 ● 兩度完成台灣中央山脈大縱走
攀登隊員	謝祖盛	28 歲	● 珠穆朗瑪（7,000 m）1996 ● 麥肯尼（6,194 m）1995
攀登隊長	謝松江	53 歲	● 博格達 (4,700 m) 1999 ● 完成台灣中央山脈大縱走 ● 完成台灣 3,000 公尺以上百岳
攀登隊員	楊家聲	44 歲	● 博格達 (4,700 m) 1999

新疆登協成員—職責是支援 BC 與 ABC 日常生活的運作

BC 主任	黨小強
BC 協作	杜元衡
BC 炊事員	李正偉
ABC 炊事員	杜小山

ERA/TVBS 電視 SNG 轉播隊

隊長兼攝影師	陳建鄂	
攝影師	廖東坤	
攝影師	李正偉	
攝影師	江俊彥	
SNG 工程	陳國勳	
SNG 工程	吳俊龍	
高山協作	平措	22 歲
高山協作	扎西次仁（小）	19 歲
高山協作	普布頓珠	21 歲
高山協作	巴桑塔曲	21 歲
高山協作	邊巴頓珠	21 歲
高山協作	邊巴扎西（小）	23 歲

人物特寫 ━━━━━━━━━━

　　北京、西藏、新疆的成員，基本上是公職人員，或者是政府或組織的聘雇人員，他們的一生的職業就是執行或支援政府或組織所賦予的登山探險任務，筆者對主要人物作簡單的描述與介紹：

曾曙生 先生 ▰▰▰▰▰▰▰▰▰▰▰▰

　　當時他的職務是中國登山協會的主席。 曾主席促成兩次海峽兩岸聯合登山活動，1993 年珠穆朗瑪與 2000 年 K2 的最積極與最關鍵的人士。 筆者與曾老的接觸中最深的記憶還不是登山活動，而是有一次筆者訪問北京時到曾老的公寓去探訪，這位老前輩很有意思，筆者記得他曾經購買的一台 1963 年 BMW 古董摩托車，當時 1993 年所以該 BMW 已經是 30 年的古董了，筆者的工程腦袋中第一件事就想到維修的零件，所以就曾老是否有取得維修零件上的困難，他說 BMW 原廠還是持續支援維修零件的後勤，經翻修後，他老先生常常騎這古董摩托車逛北京市區的街道上享受追風的樂趣。 男人不管到了哪個年紀他心中還是個男孩吧？ 曾老在 2002 年離世了，凡認識曾老的人都會想念他的。

于良樸 先生 ▰▰▰▰▰▰▰▰▰▰▰▰

　　當時他的職務是中國登山協會的秘書長。 老于是兩次大規模海峽兩岸聯合登山活動 ─ 1993 年珠穆朗瑪與 2000 年 K2 的實際策劃與運籌者，在活動期間他都身居 BC 指揮後勤與總管理的工作，掌管營地的吃、喝、拉、撒、住。 他身材魁梧，為人豪爽，筆者依稀記得他年輕時是三鐵運動員。 老于在 1974 年加入了中國登協，此外他是位高山攝影師，重要的 8,000 公尺以上高峰的攀登活動都有他的身影，他當時也是山野戶外雜誌的主編。這次 2000 年海峽兩岸 K2 聯合登山活動，如果沒有老于的策劃與運籌是基本上不可能成局的，北京隊員都尊稱老于為「于老闆」。

桑珠 先生

　　由他的名字就可確定他是藏族,他擔任「西藏 14 座 8,000 公尺以上高峰探險隊」的隊長。 在 2000 年時,他所帶領的探險隊已成功登頂了 10 座 8,000 公尺以上高峰,剩下 4 座高峰已經在 2007 年完成登頂。 到 2020 年為止世界上僅有 49 位登山者完成登頂 14 座 8,000 公尺以上高峰,而他所帶領的隊員中就有 3 位主力隊員:次仁多吉、邊巴扎西和洛則成功登上所有 14 座 8,000 公尺以上高峰。 桑珠隊長是我這一生中,除妻子與服役時的同僚外,同居時間最長的人,我和桑珠隊長在 ABC 的指揮帳內一共同居了 60 天之久。 一位書生能有機會與這位耗費 14 年的歲月帶隊完成 14 座 8,000 公尺以上高峰登頂任務的隊長同居 60 天,實感榮幸。

▲ 桑珠隊長與筆者在 ABC 指揮帳前合影

次仁多吉

藏族，他擔任「西藏 14 座 8,000 公尺以上高峰探險隊」的攀登隊長，他的登山世界紀錄是非常輝煌的：

● 1988 年，次仁多吉北上南下跨越珠穆朗瑪，登頂後停留在頂峰長達 99 分鐘世界紀錄。

● 1994 年，次仁多吉帶領該隊僅用 7 天時間就登頂在中國境內的世界第 14 高峰；海拔 8,012 公尺的希夏邦馬，創造了登頂這座高峰最快的世界紀錄。

● 2004 年，次仁多吉帶領「西藏 14 座 8,000 公尺以上高峰探險隊」的 7 位隊員由巴基斯坦側攀登 K2 時，由 BC 出發登頂返回 BC 用了不到 72 小時，創造了又一個世界紀錄。

羅申

漢族，當時他代表北京中國登協擔任攀登隊員並兼教練。 羅申也是 1993 年海峽兩岸珠穆朗瑪聯合登山隊的攀登隊員之一，他當時是位帥哥，老羅現在擔任中國登協攀岩攀冰部部長。

次洛

藏族，當時他是代表北京中國登協擔任攀登隊員。 他在 21 歲時就成功登頂珠穆朗瑪，現擔任中國登協高山探險部部長。

洛桑雲登

藏族，隨隊醫生，他也是擔任「西藏 14 座 8,000 公尺以上高峰探險隊」的隨隊醫生。 在前面文章中提到過每年 7 月初，克勒青河發大水連駱駝都可能被湍急冰冷的河水沖走而致死，大隊人馬須等到克勒青河大水稍有消退才能離開山區，整個遠征隊進入山區後需過 2 至 3 個月與世隔絕的生

活，有重大傷病者也很難被後送。有一位擁有豐富高峰攀登醫療經驗的隨隊醫生實在是對大隊人馬是最無價的保障了。所幸這一次活動內沒有人有受傷或凍傷也無人生重病。

▲ 雲登醫生為隊員把脈

黨小強

漢族，他當時擔任 BC 主任。所有老于交代下來的事就是由他擋著，受聘的塔吉克族駝工、駱駝、塔吉克與維吾爾族民工等都是新疆登協全權處理的，小強哥（在此聲明此「小強」非彼「小強」）就是來這管理指揮這些被聘雇的人員，小強哥人很和氣，筆者到今天還有與他聯絡。

杜小山

漢族，他擔任在 ABC 的炊事員。筆者之所以要介紹他的原因是在海拔 4,950 公尺的 ABC 的炊事帳是搭在冰河的冰磧石上，每天要煮大隊人馬的三餐真是不容易，每條漢子的食量都大，在 ABC 的食材種類並不多，但每天得要變出花樣，要燒開水就先要去敲下足夠的冰來煮化，海拔 4,950 公尺的沸點只有 84 度攝氏，要煮熟食物的時間非常長。在 ABC 的肉品基本都是羊肉，煮出的羊肉餐的羊騷味很強，這讓筆者無法消受，他只能每天用軍用紅燒豬罐頭給我做餐點，筆者在 ABC 吃了快兩個月的軍用紅燒豬罐頭，在此感謝他。

藏族的人名是在出生時由寺廟中的僧侶取的，市場名字是常見的，中文發音如：平措、扎西、次仁、頓珠、邊巴、塔曲、普布、次洛、加布、洛則、齊米等等等，將這些名字排列組合就成人名了，藏族人一般沒有姓氏，但部分人的名字中會擁有類似姓氏的家族名、封號等，所以在藏族間同名的機率很高，本隊就有 2 位「扎西次仁」，2 位「邊巴扎西」，3 位名字內有「次仁」，另外 3 位名字內有「邊巴」，對我們台北漢族隊員而言，常常會搞不清楚狀況而叫錯人名。

前面文章提過台灣及香港的成員是來自社會各階層，筆者就也在這一一的介紹各成員：

▲ 台北、香港隊員
（由左起依序分別為謝祖聖先生、王金榮先生、筆者、游啟義先生、謝江松先生、楊家聲先生）

李淳蓉 女士

知名電視傳播節目的製作人。 她製作過幾個台灣知名的電視綜藝節目，如胡瓜主持的「百戰百勝」與陶晶瑩所主持的「頑皮家族」等，在 1980 年代末到 1990 年代初，這兩個節目也是當時最膾炙人口，在週末時闔家一起觀賞的電視節目。 李女士也是 1993 年海峽兩岸珠穆朗瑪聯合登山隊的策劃、組隊、募款、與兼台北隊隊長，也可以說台灣第一次登上世界最高峰是由一位女士促成的，她在台灣的登山史上是沒有用到任何政府或納稅者的資源完成這次偉大的登山成就。

王金榮 先生

本業是大眾交通工具的駕駛員。 除了他有參與過多次海外遠征，如印度莎瑟峰、卓奧友峰、與珠穆朗瑪外，最顯著的登山成就是兩次完成台灣中央山脈南北大縱走，在 1980 年代台灣的中央山脈南北大縱走是非常艱難的登山行程。 他這生有兩次難忘的登山記憶，一是 1991 年攀登卓奧友時，因保暖衣物不足而錯失登頂良機。 1994 年攀登珠穆朗瑪時，他的隊友石方方，登頂後回程體力不支而殉山。

游啟義 先生

本業是一位公司會計。 但他熱衷正統登山,所以自費去接受美國、德國、與英國五所外展登山學校的教育並結業,因為他是台灣當時少數接受西方正統登山教育知識的登山者。 他將那些正確的登山知識帶回台灣傳授給台灣的登山者,為台灣登山教育及訓練做出了貢獻,他在這次 K2 遠征的台灣隊員的訓練,也盡心盡力並做出無私的付出。

謝江松 先生

本業是職業畫家。 國畫及西洋畫都拿手,他為本隊繪出三張 K2 的潑墨國畫,筆者認為潑墨畫 1 最傳神,所以就選它為本隊伍的隊徽。 他在 1976 年就迷上登山,到了 1987 年短短的 11 年就完成台灣中央山脈大縱走,1992 年完成完成台灣 3,000 公尺以上百岳。 他都是扛者畫具登山的,他已完成台灣百岳的畫作,這一生計畫完成世界 14 座 8,000 公尺以上的高峰的作畫。

K2 潑墨作品 1　　　　　　K2 潑墨作品 2　　　　　　　K2 潑墨作品 3
▲ 謝江松先生 K2 潑墨作品

謝祖聖 先生

本業是戶外用品公司的業務,當時他是任職於歐都那公司。 該公司是這次聯合登山隊所使用的裝備器材的贊助者之一。 他當時已有 16 年登山經驗,海外高峰的攀登紀錄有 1996 年登頂麥肯尼與 1996 年珠穆朗瑪,但兩次登山中都有隊友發生意外而不幸殉山。

楊家聲 先生

來自香港的攀登隊員，他酷似原住民，本業是樓房維護。 在香港無高峰，經常來來台灣與日本登山，他完成日本阿爾卑斯 8 個山岳的登頂。 他為了 K2 的訓練每月都要來台灣一趟，幾乎花完了積蓄。 由於他外型酷似台灣原住民，初次認識他的台灣山友常常問他是「哪一族的」，而他的回答是「我是香港族」，在香港他也常被臨檢，因為香港警察常把他當作大陸的偷渡客。 他到達的最高海拔紀錄是攀登博格達峰，到達海拔 4,700 公尺高度。

筆者

本業是熱傳及 LED 照明技術公司的創辦人與經營者。 擁有將近30多件美國、台灣、中國的發明專利，也是個飛行員，曾自架飛機環地球飛行一圈。 在台灣登山界可能是個孤鳥，1975 至 1977 年間在野外雜誌寫攀岩專欄，因原攀岩專欄作家簡政德先生移民到美國後，野外雜誌韓總編輯請筆者接棒直到出國留學為止。 在台灣登山界的唯一紀錄是在筆者 19 歲時，1973 年的冬季，在沒有錢雇用高山嚮來領路及高山協作來揹負食物裝備的狀況下，帶著 2 位沒有擁有多少次台灣海拔 3,000 公尺以上攀登與縱走經驗的同班同學，去縱走聖稜線，過程中是在大霸下營地就遇到大雨雪，之後的 5 天一直都在雲霧中縱走，穿過斯密達黑森林，露宿雪山北峰頂，一直到由雪山北稜角後下 369 山莊的半路才出雲霧，回到家中被家父猛ㄅㄟ了一小時，家父猛ㄅㄟ筆者的原因是兩年之前才發生過不幸的清大奇萊山難，使當時台灣社會對登山所產生的負面觀感所致。

其他人對筆者最有趣的描寫是在 1993 年海峽兩岸珠穆朗瑪聯合登山隊活動發生的，當時台灣隊員是分為兩批赴大陸的，第一梯隊是大隊人馬先到北京與北京隊員會合，再轉到拉薩與西藏隊員會合後，再驅車經由日喀則、協格爾、到定日等待台北第二梯隊隊員會合。 第二梯隊的隊員只有 2 人；吳炯俊（小洞）與筆者，我們是被李姐指派到尼泊爾的加德滿都去採購氧氣瓶、高寒用睡袋、冰雪岩用攀登器材等等的裝備，原因是小洞他當時是導遊，對加德滿都非常熟悉，所以被賦予這重要的採買裝備的任務。 當然在完成任務後小洞就轉為導遊、領著筆者暢遊加德滿都、並給了一流的旅遊解說，在此向他銘謝。 第三天、我們就驅車通過尼泊爾與大陸邊境城市樟木與老于會合，這是筆者平生第一次進大陸，不知在 1993 年前第一次入境大陸的台灣居民，有哪個是由西藏的邊境小鎮樟木入境的呢？ 我們與老于會合後再驅車經國道 318 到定日，當天北京隊員看到筆者時的第一個印象是「台北怎麼選了一位書生來攀登世界第一高峰？」

陳建鄂 先生

他擔任電視 SNG 轉播隊隊長兼記者，他當時是年代影視 ERA 年代影視的台長。 他退伍前是當任海軍陸戰隊的兩棲偵搜大隊（俗稱蛙兵）的連長，體型魁偉，與曾是三鐵運動員的老于有的比，當然他也是一位帥哥，軍令如山，他帶他的電視 SNG 轉播隊與藏族高山協作們就如他帶兵一般。

李正偉 先生

在這次遠征活動期間，大夥都稱呼他「政委」。 從台北出發後，我們都可以看到「政委」扛將近 10 公斤重的著電視台專用攝影機 SONY HDW-700A HD，搭配著「政委」的高噸位在人群中穿梭取景，非常的敬業，且他也笑容常開。

 ## K2 的路線與交通工具

攀登 K2 北稜的進出山路線為：台北←→北京←→烏魯木齊←→喀什←→葉城←→麻扎達拉←→伊利克←→BC←→ABC。

攀登與下撤路線為：ABC←→西北山壁冰河←→北稜←→峰頂下北面懸掛冰河←→峰頂。

　　2000 年飛機航班，並沒有由北京直飛喀什，需要在烏魯木齊停留一晚，隔日再轉機前往。 陸運路線是由喀什驅車，經 315 國道到葉城，轉 219 國道到麻扎兵站，右轉產業道路進入麻扎兵站受檢後，繼續驅車到伊利克。 因為從麻扎兵站到伊利克的產業道路的路況極為顛簸，且當時用來載登山客的車輛大多是車齡很老的日本豐田 TOTYOTA 四輪傳動車，載貨的都是大陸國產的東風牌卡車，因為路況極差所以常有爆胎及機械故障的狀況發生。

　　在 2000 年的時候，遠征隊員到達喀什後就感到自己身在西域了，愈進入山區，漢人的比率愈來愈少，少數民族是以維吾爾族為最主要的人口，但是過了葉城到 K2 山區內，塔吉克族就成為主要的少數民族。 就如同到珠穆朗瑪遠征時、過了日喀則後大多只能接觸到藏族。 由海拔 5,000 公尺的珠穆朗瑪 BC 到海拔 6,500 公

▲ 塔吉克老人

尺的 ABC 間的運補完全只能依靠藏族與犛牛了。 遠征 K2 也是一樣的需要當地少數民族的協助，因為汽卡車只能開到伊利克營地，由伊利克營地前往位於沙爾瀑拉格河的音紅灘上海拔 3,850 公尺 BC 的運補，就要完全依靠塔吉克族的駝工及他們的生財器具 ── 駱駝，由 BC 運補物資裝備到位於喬戈里冰河上的海拔 4,950 公尺的 ABC ，就只能依靠塔吉克或維吾爾族的揹夫了。

▲ 塔吉克駝工協商

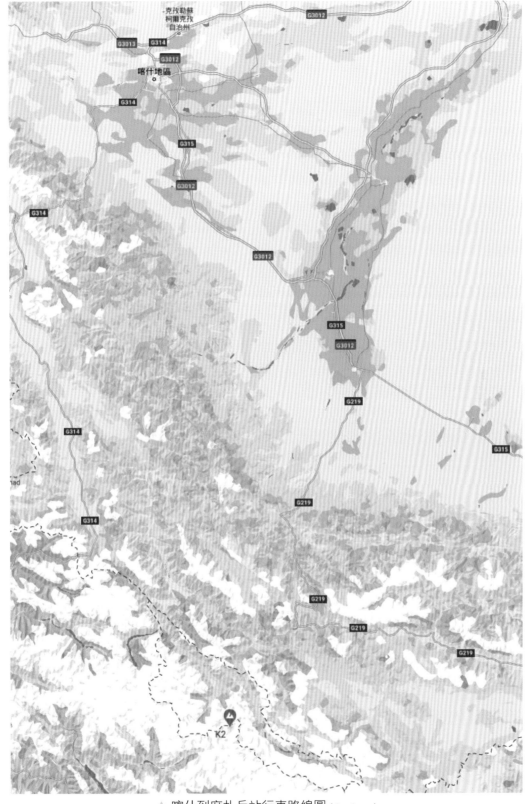

▲ 喀什到麻扎兵站行車路線圖（Google map）

　　遠征、探勘、或攀登喀拉崑崙山脈的 8,000 公尺以上的高峰，如果沒有當地的駝隊與揹夫，外人到了伊利克後，如漢人及外國人的隊伍，就完全無法行動。 塔吉克駝工們都是有家小的，他們全家的部分經濟來源是要依靠他們所飼養的幾頭駱駝，所以接運補生意時，是不會讓自己的駱駝背負過重的貨物而傷害到自己的生財工具。 為了不讓自己的駱駝領頭帶路，或在分配貨物時體積及重量不均時，駝工雖然是鄉親朋友，但彼此之間常常爭得面紅耳赤的，但我們這些雇主最好不要介入他們的爭執，讓他們去自我協調找出一個彼此都能接受的安排。 通常如我們這些需要百隻以上駱駝的大隊人馬基本上都有配有一位駝工領袖，由他去解決及協調爭議是最有效的方法。

　　讀者可參考麻扎兵站到 ABC 路線圖來了解進出山路線：

● 藍色線條是代表車輛行走的公路及產業道路的路線，車輛只能到達伊利克。 由麻扎兵站到麻扎達拉的車程是約 24 公里，麻扎達拉到伊利克營地的車程則是 18 公里。

● 綠色線條是代表登山隊、電視隊、駱駝、塔吉克駝工、與會行走的食物（羊群）由伊利克，經斯勒克河，翻越阿格拉達坂，涉克勒青河，繞過馬鞍山，沿沙爾瀑拉格河最後到達海拔 3,850 公尺的 BC 所走的路線，全部行程的總長約 75 公里。

● 桃紅色線條是代表攀登隊、電視隊、與運補揹夫由 BC、越過 BC 南方的山丘到達喬戈里冰河舌部（冰河末端），再經喬戈里冰河到 ABC 所走的路線，其中 60% 的路段是在冰河上的冰磧時上行動的，全部行程的總長約 18 公里。

● 橘色線條是代表攀登隊員的由 K2 西北壁 — 北壁 — 三角雪田 — 東北山脊 — 頂峰的攀登路線。

2000 年海峽兩岸 K2 聯合登山活動期間，各運補營地的海拔高度如下：	
麻扎達拉營地	3,100 公尺
伊力克營地	3,470 公尺
斯勒克河大紅柳灘營地	3,750 公尺
阿格勒達坂牧場營地	4,480 公尺
克勒青河第一紅柳灘	3,930 公尺
克勒青河第二紅柳灘	3,870 公尺
沙爾瀑拉格河 BC	3,850 公尺
喬戈里冰河舌部運補營，D1	4,190 公尺
喬戈里冰河中間運補營，D2	4,740 公尺
ABC	4,950 公尺
喬戈里冰河合流運補營，D3	5,209 公尺
K2 山基運補營，D4	5,450 公尺

麻扎兵站 3700M

伊拉克 3740M

大紅柳灘 3930M

阿格拉大坂農舍 3930M

第二紅柳灘 3870M

第一紅柳灘 3930M

基地營 BC 3850M

中間營 D1 4400M

前進基地營 ABC 4900M

▲ 麻扎兵站到 ABC 路線圖（Google map）

登山日記

　　公元 2000 年海峽兩岸 K2 聯合登山隊的實際活動日期，是由 2000 年 6 月 1 日起至 2000 年 9 月 15 日結束一共是 107 天。 但如果加入，由台北海運到北京，再用火車運輸到葉城的登山裝備與高地糧食所用的日子，那麼實際活動可前推到 2000 年 5 月 10 日了，如以這一天開始計算，那麼全部活動的時間就長達 128 天了，幾乎是 1 / 3 個年頭的時間，可說活動的時間是相當長的。

5/30/2000 行前記者招待會

▲ 行前記者會

　　台北隊職員出發前兩天就是 2000 年 5 月 30 日舉辦了一次行前記者招待會，這會議室在台北知名的福華大飯店 404 廳舉行的。 與會的平面媒體與電視記者有：勁報黃義書、民生報朱家瑩、自由時報劉玉峰、聯合報劉家瑜、中時晚報廖德修、年代影視陳建鄂、華視等。 記者會是先由李姐發言介紹這活動的歷史與由來，再由筆者接力講解這次遠征活

▲ 行前記者會邀請函

動由籌畫、組隊、募款、詢求贊助、訓練等過程，講解 K2，隨後將攀登隊員一一

介紹給媒體記者，在現場也第一次向大眾展示以潑墨畫為標誌的隊旗與臂章。 接著講解這次遠征的時程與過程，最後提出「全員去，也要全員回」的主要完成目標、與「登山沒有征服，只有生還」的最高思想。 接下來發言的是這次遠征活動的電視 SNG 轉播隊的 ERA 年代影視台長，並且他也是這次轉播隊隊長的陳建鄂來介紹給媒體 ERA 年代影視、他講解計畫如何在 K2 山區實況 SNG 轉播這次遠征與登山活動。 會後各家媒體針對每位攀登隊職員作了個別的採訪，當日晚上各大電視台 7 點新聞節目就報導了這次記者會與遠征登山活動，次日的各主要日報及晚報都也作詳細的報導。

▲ 隊旗

▲ 臂章

6/1/2000 台北─北京

　　台北攀登隊 5 位隊員與電視轉播隊 6 位隊員一行人的行李與轉播攝影器材，大大小小一共多達 63 件，總重量重達 1,650 公斤。 先在台北民權東路筆者公司所在的大樓後集合後，將行李分裝上小卡車，與來送行山友的自小客車後，就驅車前往中正（桃園）機場，游啟義則是自行由豐原到機場與大隊人馬會合。 在過磅的過程中，來送行的家屬、山友們紛紛與隊員相互話別，筆者則由今天起，要由籌劃組織人的角色，轉為開始扮演領隊角色的時候就無法閒著，因為王金榮忘了加簽台

▲ 裝載行李到送行山友的汽車

▲ 桃園機場卸下行李

胞證，要趕緊請旅行社處理，還得來回奔波處理過磅超重行李，筆者依稀記得光光超重費就支付了 4 萬新台幣，本來澳門航空台北站有意贊助超重費，但可能實際超重重量超過太多，對總公司無法交代而被打住，導致本隊在還沒離開台北經費已產生額外的支出。 隊伍也當然吸引了機場許多民眾的目光，有一位 50 多歲的中年先生子過來詢問王金榮是不是 K2 遠征隊，並說那是很難爬的山，同時要求與隊員一一握手，祝隊員成功登頂也同時表達以本登山隊為榮。 電視轉播隊員之一陳國

▲ 筆者的兩位女兒

勤才新婚不久，他的新婚妻子也當然在機場送君出征，她說這次電視轉播是意義非凡所以支持他去，只要記得每天用衛星電話報平安，但在登機前陳國勤與妻子道別時還是眼角泛著淚光，依依不捨。 而筆者的兩位女兒也由美國專程回台給她們的父親送行，兩個丫頭的臉上是充滿愉快與笑容，二女兒被記者訪問時表示，她們回答說：「習以為常。」因為她們的爸爸在 1993 年就幹過同樣瘋狂的事。

班機是上午 9 時 20 分的澳門航空 NX617 前往澳門，再轉澳門航空 NX002 班機於同日下午 3 時抵達北京首都國際機場。 于良璞秘書長、桑珠隊長、西藏攀登隊員、及北京中國登協人員一起赴機場迎接，晚上台北隊員下榻在天橋酒店。

▲ 台北隊員在桃園機場出發前合照

▲ 台北香港北京西藏四方隊員首都機場合照

6/2/2000 北京壯行會

　　北京中國山協安排了壯行會，該會於上午 10 時 30 分 在北京國際飯店二樓一號大宴會廳舉行。 中國國家體育總局謝司長、西藏體委主席、中國山協曾曙生主席、李致興副主席、台北總顧問李淳蓉女士、西藏桑珠領隊、台北領隊筆者等共同主持該壯行會，該會有廣邀各大媒體採訪。 Lockheed Martin 所投資的 ACeS 衛星通訊公司的高管 Frank Blaha 先生與 Thomas Dwyer 先生專程與會，會中將 ACeS 衛星手機正式交給登山隊。

▲ 中國登協舉辦的壯行會

壯行會結束後，ACeS 所派遣的 Lockheed Martin 工程師 Troy Dunn 先生，專程由美國飛到來北京，他攜帶來了衛星手機及通訊軟體。 筆者與 Troy 先生就在下榻的旅館前方的停車場開始執行手機的衛星連線的設定，因為該衛星是被放置在印尼上方的同步軌道上，距離地球 3 萬 8,000 公里之遠，且該

▲ 壯行會中 ACeS 贈送衛星手機儀式

通訊系統還在試運轉階段，Troy 先生不知打了多少通電話與 ACeS 技術中心聯絡，我倆足足搞了 4 小時，到天黑才將完成了該手機衛星連線。 這個手機是 Ericsson 製造的，除通話功能外，也可傳收數位信號，可將接上筆電上網及傳收電子郵件，在 2000 年時是非常先進的技術。 想起 1993 年珠穆朗瑪峰聯合登山台北隊攜帶一具由台揚科技所贊助的 Inmarsat 海事衛星通訊機台。 其設備體積大如旅行用金屬箱一般，打開機台展開如雨傘的碟型天線，可通話也可傳真，海事衛星有三個同步軌道衛星其訊號可覆蓋整個地球。 7 年後的通訊技術的發展神速，使得在 2000 年時就可通過手機的桿形天線與距離地球 3 萬 8,000 公里之遠同步軌道衛星連線。 這次的遠征活動除 11 台衛星手機（1.626 ～1.660GHZ）作為向外聯絡用外，還攜帶了 2 台 25 瓦（144 ～148MHz）無線電對講機被安置在 BC 及 ABC 作為內部通訊

▲ 壯行會後兩岸隊員合影

基地台，還有 15 具手持式無線電對講機分
發給攀登隊員，以利隊員與隊員間，隊員
與 BC 或 ABC 間的通訊。

▲ Lockheed Martin 工程師 Troy Dunn
在北京天橋酒店前停車場連線衛星手機

6/3/2000 北京—烏魯木齊

　　今早 Troy Dunn 先生到天橋飯店送邀 6 具衛星手機給筆者。 隨後全體隊職員
就驅車前往北京首都機場，搭乘下午 2 時的新疆航空的班機去烏魯木齊，該班機
的機型是俄製伊留申伊爾 IL-86 四引擎客機，筆者是第一次搭俄製的飛機，其機艙
的內裝與美製或歐製飛機的機艙內裝有明顯的不同。 在飛行過程中筆者觀察到空
服員在每一次旅客使用洗手間後都會去清理該洗手間，非常特殊的感受。 抵達烏
魯木齊機場下機後新疆登協到停機坪來迎接，接機完畢全體隊職員下榻環球酒店。
因為當時大陸沒有如美國一樣劃分了東岸、中部、山區、西岸、阿拉斯加、與夏威
夷等不同時區，而都是以北京時間為準，所以這裡到北京時間晚上 12 點太陽才下
山。 筆者詢問來接機的新疆登協朋友當地百姓們怎麼去適應這時間的差距，答案
是他們得作息還是以太陽的規律在進行，太陽昇起就是一日作息的開始，如果是以
北京時間為準，夏季的早上 8 點太陽還沒昇起呢，如果是在冬季哪可能到 10 點太
陽才緩緩地昇起。 所以到了酒店筆者的手錶指在晚上 11 點但太陽正在下山中。

▲ 由北京首都機場登機前隊員合照

▲ 俄製伊留申伊爾 IL-86 四引擎客機內裝

▲ 新疆登協在烏魯木齊機場迎接

6/4/2000 烏魯木齊—喀什

今早起來已經是北京時間早上 10 點。 隊員就自行到環球酒店頂樓的旋轉餐廳吃早飯，在筆者身旁坐著的是曾曙生主席，這也是筆者這生最後幾次能與曾老坐在一起吃飯，因為兩年後曾老就離世了，人生世事難料也。 當天中午，也是北京時間下午 3 點，大夥參加由新疆體委副主席所舉辦狀行會，宴請所有賓客品嘗新疆式的烤羊，與欣賞維吾爾族的舞蹈。 壯行會會後全體隊職員與新疆登協的隊員一共 38 人，浩浩蕩蕩地搭乘新疆航空北京時間下午 7 時 40 分班機由烏魯木齊前往喀什。 登機時的天色如夏日下午 4 點般，這次航班所使用的機型是美製波音 B757，而非俄製機型，昨天由北京到烏魯木齊的班機反而是用俄製的機型，這有讓我有點意外。 抵達喀什機場後雖然已經是晚上 10 點但是天空還是很亮，讀者可以看照片中的人的身影的長度判定太陽的角度，如同台灣夏季的下午 6 點左右般。 喀什是位在北緯 40 度，在夏天時白天可比位在北緯 25 度的台北多了 1.5 小時。 下機後喀什登協到停機坪來迎接我們，下機時氣溫約在攝氏 25 度但是空氣乾燥很舒適的，當晚大隊人馬夜宿於喀什賓館。 大家已經開始在算在 8 月底出山前還能洗多少次熱水澡，連今晚已經只剩下 3 次洗熱水澡的機會，今晚一次與在葉城的兩個晚上，好好珍惜洗熱水澡吧！再過兩個晚上就要身體就要發臭 80 多天了。

▲ 烏魯木齊環球酒店頂樓旋轉餐廳吃早餐

▲ 新疆體委副主席所舉辦狀行會宴請賓客品嘗新疆式烤羊

▲ 聯合登山隊員飛抵喀什機場

　　玄奘到西域取經時回程應該有經過喀什。 去程是由高昌（位於今日的新疆吐魯番市）向正西方前去路經過現在的塔吉斯坦國後就向南方行進，沿途路經過現在的阿富汗首都卡布爾，巴基斯坦首都伊斯蘭瑪巴德，喀什米爾，到了現在印度的德里，然後在印度周遊取經禮佛。 去程的路線是繞過喀拉崑崙山脈與喜馬拉雅山脈，他回程時走了捷徑，路經現在的巴基斯坦、阿富汗後轉向東北方向直接繞過喀拉崑崙山脈北邊抵達喀什的。

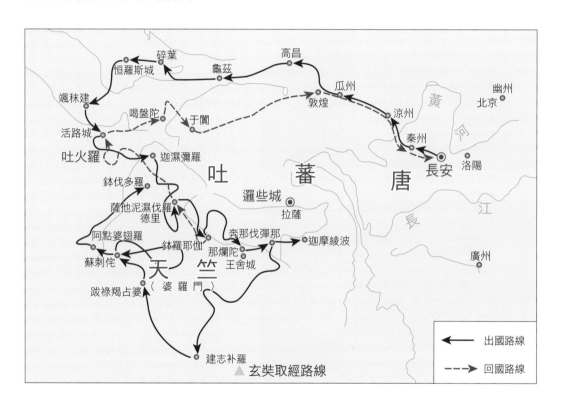

6/5/2000 喀什─葉城

　　在喀什賓館用完早餐後，登山隊的人員集合在賓館前作的全體合照。而電視 SNG 轉播隊與藏族高山協作們，就由陳建鄂隊長帶到一旁交代事務與攝影工作，登山隊的任務要到葉城才會正式的展開，因為所以物資是直接運到葉城集中的，但電視隊的攝影與轉播工作早在桃園機場就開始了。

▲ 兩岸登山隊隊員在喀什賓館前合影

▲ 電視隊與藏族協作第一次集會

▲ 途中小鎮裝滿牧草的驢車

▲ 途中小鎮裝滿牧草的驢車

▲ 由喀什驅車往葉城中途休息

　　隊伍在將 40 多位的隊員平均分配到 10 輛 Toyota Land Crusiers 後，就浩浩蕩蕩地駛向葉城，預計在葉城待上兩天來整理物資。 大隊出喀什市區後，就沿著 315 國道往南的方向駛去，天氣是晴空萬里，今晚夜宿葉城賓館，只剩下兩晚可洗熱水澡了。在這順便提一下 315 國道是大陸新疆與西藏間的兩條國道之一，另一條是 219 國道。 315 國道到葉城後就向東方向走，在經過和闐後穿過南疆的無人區後到達青海的青海湖，最後到西寧市才終止。 筆者給一個數字讓讀者來建立地理與距離感，由喀什到西寧的 315 國道總長約是 3,000 公里長，而 95% 的長度是穿越人煙稀少與無人區。 讀者在台灣的公路上沒幾公里就有 7-11 或加油站，高速公路的休息站的間隔也不超過 50 公里。 在 20 年前駕駛在 315 國道時，搞不好開 500 公里內碰不到人煙與加油站，也更沒有 7-11 可跳下車 3 分鐘買飲料與茶葉蛋。 往葉城的途中在英吉沙縣停了一陣子，原因是隊員要購買遠近馳名英吉沙小刀，其小刀的造型精美，有秀麗的紋飾和鋒利的刃口而顯露頭角。英吉沙小刀是以原產地英吉沙縣而命名的。 英吉沙小刀是中國少數民族三大名刀之一，與保安族的保安腰刀，雲南阿昌族的戶撒刀齊名。 在短暫的停留期間筆者觀察到在已開發國家中不會看到的驢拉車的景象，頗有記憶。

▲ 隊伍中途停下購買英吉沙小刀

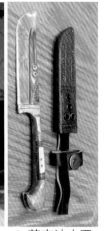

▲ 英吉沙小刀

6/6/2000 葉城整理進山物資裝備與器材

葉城賓館就好像台灣在 1970 年代小城鎮中的旅社一般，可以住，但沒有達到一顆星的水準。 筆者並無歧視或住不下去的意思，只是要讓讀者做個比較而已。 今天登山隊員的正式展開工作，要讓所有的登山隊物資與電視 SNG 轉播的裝備能用卡車載運到了伊利克。 被卸下卡車後也不用再分裝就可直接背架上駱駝背上，所以要將原大包裝或超重的裝備、器材、與物資分裝成到紙箱與運送包中。最難搞的是 SNG 轉播的，這些裝備與器材不如登山裝備耐摔耐撞，任何裝備在 6 天的駱駝搬運或 2 天的藏族高山協作背負過程中有被損壞的話，基本上是無法修復的，那麼電視轉播的任務就要報銷了。 所以電視轉播隊的隊員，在打包的工作上，的確是下了非常大的功夫，全體隊職員一起努力工作了足足一天，才將所有的裝備、器材、與物資裝上了三輛 2.5 噸卡車。 其中一輛卡車的前半部是空著，這是為了在明早黨小強要去載一群會自己走路的

▲ 電視隊員拆解分裝 SNG 設備

▲ 裝貨至 2 噸半卡車

▲ 鳥瞰裝貨過程

▲ 市集

▲ 市集

▲ 饢

肉品；一共會有 32 隻羊。 這群羊要跟隨著大隊人馬一起健行到 K2 的 BC，但不幸的是，這群隨行同伴在 90 天後是不會跟著我們出山的。

下午隊伍到街上的市集去採買蔬菜、水果與饢，它是新疆民族非常重要的主食，放幾個月都不會壞，又很紮實，非常適合作為長時間遠征活動的主食。 筆者可以想像到千年以前唐三藏西遊取經時的行囊中一定有饢。 一天搞下來大家都累了，吃完晚餐就要好好享受最後一晚的洗熱水澡，況且要趕快去洗是因為賓館熱水不穩定並且也只供應到晚上 10 點，當然也要用這機會將能過去五天穿過的衣物洗乾淨，這賓館是沒有 room service 的，往後的 80 多天也休想再有熱水洗衣服了。

▲ 市集中塔吉克賣繩蒙面塔吉克婦女

87

6/7/2000 葉城—麻扎達拉—伊力克營地

今天一早大隊人馬；北京 5 人、西藏 10 人、台北與香港 7 人、新疆 4 人、電視隊 12 人、羊 32 隻、物質裝備器材 6 噸、10 輛 Toyota Land Crusiers、3 輛 2.5 噸卡車、與駕駛 13 人浩浩蕩蕩地向伊利克出發，沿著 315 國道向南行，出葉城界前左轉 219 國道向西行。

筆者要介紹 219 國道，該道路是公路起點為新疆喀什地區葉城縣城，爬上高 3,000 公尺米的崑崙山，並穿越喀拉崑崙山間 4,000 至 5,000 公尺的高原進入後藏阿里高原，途經日土縣、獅泉河鎮和阿克賽欽地區，終點為拉孜縣，長 2,300 公里。始建於 1955 年 6 月，翻越約十個雪山達坂（啞口），最高海拔 5,433 公尺，如同 315 國道一樣 95% 的道路是在人煙稀少與無人高原上。 行駛在 219 國道上時，沿著崎嶇山路上，有解放軍在施工埋設纜線，但不知道是電力電纜還是通訊電纜，直到我們的車隊中的一輛 Toyota Land Crusiers 不小心壓到纜線時，施工的軍人馬上將該車攔下來，其中一位士官領班的要求該車的駕駛要賠償，當然駕駛也不會屈服就爭辯電纜哪有這麼不耐壓，但領班就告知我們該纜線內是光纖，這才知道在 2000 年，也是 21 年前大陸已經將基礎建設之一的通訊光纖鋪設到這麼邊疆了。 當年 219 國道全程是土石路，如今已經全程柏油了，沿著河谷的路段是很顛的，因為沿河谷的路基並不高，路基又無植被，當有暴雨大水時常常將路基與路面沖壞，如車底盤不夠高，基本上通過該路段會有困難的，除此之外的路段的路況基本上很良好，因為該地區全年的雨量並不多，以這麼邊疆有這樣的路況也是很難得的。

▲ 車隊在途中阿卡抵啞口前休息

沿路上所經過的達坂（啞口）有兩處；一處是海拔 3,300 公尺的阿卡衹達坂，另一處是海拔 4,900 公尺的麻札達坂。 車過了麻札達坂後就一路下降到了麻札兵站，該兵站座落在 219 國道與開往伊利克產業道路的三叉路口上，該產業道路在過了伊利克後會繼續往西沿著塔吐魯河到達離巴基斯坦邊境 10 公里的克魯拉，所以該兵站是駐守在戰略位置上，因為如有由邊境來犯的外國軍隊都必須要經過這個兵站。 當然外國軍隊要由此來犯新疆的機率幾乎等於零，因為疆界有喀拉崑崙山脈擋著，所以這個兵站最主要的工作就是檢查來自不同國家的登山隊了。 我們這隊

▲ 車隊停在麻扎兵站前受檢

伍是國務院批准的登山隊所以只做了象徵性的檢查,真要檢查那不知道要幾天幾夜。 本隊伍在兵站欄杆前停溜了約 2 小時,主要是在辦理證件登錄,比我們早入山的幾支外國隊伍事後告訴我,他們在麻札兵站被檢查時連女性山友的內衣褲都被拿出檢查。 隊伍被兵站放行後就沿著往伊利克產業道路駛去,行駛了 24 公里後到了麻扎達拉,車過麻扎達拉再走 18 公里,就到了今晚的夜宿伊利克營地了。 不巧的是前幾天下雨導致產業道路部分路段路面鬆軟,在距離伊利克營地不到 1 公里處,一輛卡車陷入中,所幸 6 位年輕的藏族高山協奮力搞到深夜才將卡車由泥沼中解放出來。 該卡車駛到伊利克已經是隔日凌晨 1 點,更不巧的是該卡車所載物資是食物及炊具,導致今晚無法開伙,大隊人馬沒有吃中飯與晚飯,又被折騰的一天,但也只能空著肚子就寢,因為一切漆黑,只能到天亮才能卸貨。 這就是登山,山中天候與狀況變化無常,必須有彈性來應變。

▲ 伊利克橋

6/8/2000 伊力克營地

今天是雨天,因為昨天到伊利克的時間已是傍晚,加上要作紮營卸貨等工作,沒能好好打量我們所紮營的伊利克河谷營地。 該河谷營地是位在產業道路以南的斯勒克河上的一處紅柳灘上,過了伊利克橋後左轉下河床就到達營地。 今天的工作是整理物資,因為昨天的突發狀況迫使原定今天要開拔前往斯勒克河上的大紅柳灘營地的計畫要延後一天,但塔吉克駝工及駱駝還是依照協定今天就到營地報到。 登山計畫中原本要雇用 80 頭駱駝,電視隊也需要 32 頭駱駝,但實際只來了 62 頭,老于告知因為今年連同本隊伍共有四個登山隊;美國隊、日本隊、與國際隊入山攀登 K2,所以湊不出這麼多頭的駱駝。

應變的對策是分 2 梯次運送物資，活動中後期所需的食物與炊事用汽油燃料放在第 2 梯次來運輸，這又讓老于與黨小強等負責運補與後勤人員又得忙上了一天，先要將第一批運送物資；如電視 SNG 與攝影器材、個人用品、登山器材與裝備、各式營帳、通訊器材、太陽能發電器材、食物、與前期 30 天所需的炊事用汽油燃料分出。 這裡提一下炊事用汽油燃料，BC 與 ABC 所用爐子是汽油爐，老于在葉城買了兩個 50 加侖油桶，裝了 100 加侖約 300 公斤的汽油，再準備了 20 個 5 加侖鐵製汽油桶，在伊利克營地將 100 加侖的汽油分裝到 20 個 5 加侖鐵製汽油桶內，5 加侖鐵製汽油桶內才能架在駱駝背上運到 BC，這些 5 加侖桶被運送到 BC 後，其中的 10 桶要用人背到 ABC。 而由伊利克營地到 BC 間有 4 個中繼營地的炊事燃料是用液化石油氣 Propane，就是我們在台灣常用的煤氣，在這些營地用煤氣的考量是能迅速將煤氣爐接上了煤氣就能點火燒飯。

▲ 伊利克營地

▲ 由伊利克橋眺望伊利克營地

▲ 駝隊抵達伊利克營地

▲ 物資與汽油桶由卡車上卸下

▲ 電視隊在營地展開採訪與錄製工作

其實遠征登山行動與軍事作戰行動基本上是一樣的。 打仗就是在打後勤與運補，軍隊沒有武器、彈藥、衣物、食物、營帳、通訊裝備、與醫藥就無法戰勝敵人。 遠征登山活動也是一樣的，其差別是將武器與彈藥換成冰斧與登山繩而已。 這就是為何西歐帝國在 16 世紀開始探索海洋與新世界時，都會要求他們的中上階層與軍人參加遠征，讓這些人有機會去磨練去開疆拓土，進而能更上一層樓來領導國家。 一個先進與有展望的國家，其領導階層不可能都是會背書考試且都出於同一所大學甚至是同一院系一群近親繁殖的人士所組成。登山隊的隊職員在忙著整理物資，電視隊也沒有閒著，他們全力採訪與攝影製作錄影帶，但是因為 SNG 設備要到 BC 才能被架設起來傳送畫面與語音，陳建鄂隊長就將已製作好的影帶交給隨我們到伊利克營地來給大隊打氣與送行的李姐，請她親攜回台再交給 ERA 播放。

筆者曾問老于為何在 K2 的駝隊都是塔吉克族，老于告訴我這裡是塔吉克族的區域，維吾爾族與克爾克茲族在這是沒有地盤。

6/9/2000 伊力克營地往斯勒克河大紅柳灘營地

今早李姐由北京趕來伊利克營地，專程來為大家打氣與送行。 早上下雨，所以老于、桑珠隊長、陳建鄂隊長與筆者決定大隊人馬下午再出發前往斯勒克河大紅柳灘營地，雨稍微停住駝工就馬上開始將貨物上載到駝背上，有幾頭駱駝因為知道又要負重翻山過河所以不願牠的主人將貨架在牠的背上而耍脾氣，吐口水，但主人還是主人，到最後駱駝還是要聽主人乖乖的就範了。

下午在吃完午餐後全體隊職員合影留念，曾曙生主席與李姐給大隊人馬精神講話並一一握手道別後，人 31 員、羊 32 隻、駝工 16 員、與駱駝 62 頭，就像是在西遊記所描寫的地形地貌中開拔上路了，正式的展開公元 2000 年海峽兩岸 K2 聯合登山行動。 因為還有大部份的裝備，燃料與食物等物資要滯留在伊利克營地等候由 BC 返回的駱駝，藏族隊員邊巴扎西、洛則、加布與 BC 協作杜元衡留守在伊利

▲ 出發前全體合照

曾曙生主席在伊力克對全體隊員講話送行

▲ 曾曙生、李淳容伊力克送行

克營地等待駝隊在 13 天後由 BC 返回，再啟動第二梯次的運補，由他們 4 位負責押運，以保證一項物資都不少，一滴汽油都不漏地被運到 BC。

　　從伊利克營地到斯勒克河上的大紅柳灘營地的距離是約 10 公里，該營地其實都是當地牧民在春夏季放牧羊群時用的營地，營地週邊上有幾個牧民所搭建的石頭圍牆，用來在夜晚時圈羊群的羊舍。 當晚大隊人馬就寢後，筆者聽到營帳外有人行走，本以為是其他隊員要方便，筆者就拉開營帳的拉鍊察看，結果外面站著幾位塔吉克女牧民和兒童，在天還是亮的時候筆者曾觀察了營地四週，當時並沒有發現有牧民在附近活動，但在三更半夜時牧民卻突然冒出實在讓筆者嚇了一跳。 筆者猜想她們想索取一些由外界帶進來的物品吧？沒有想到其中一位女牧民拿著電池給筆者看，筆者就馬上會意她們想要索取電池，當然筆者就找出幾顆電池送給她們。 到 21 年後的今天還是感到不解，在這西遊記所描寫的荒蕪的地區走十天都碰不到一個人，怎麼會在漆黑無光的三更半夜時卻突然冒出牧民來？

▲ 駝工將物資架上駝背

▲ 完成物資裝在的駱駝駱駝

▲ 無奈的駱駝

▲ 人馱羊走向下一個營地

　　今天也發生了一件令人婉惜的事情，游啟義他在行前時有做過手術，至於是哪種手術他沒有確實的告訴筆者，想必是他認為如果筆者知道後必定會不讓他參與這次遠征，所以隱瞞了實際身體狀況。 但也可能是太多事物占據了筆者應有的觀察力，直到當天紮營時，他的營友向筆者提報說游啟義身上還接著導尿管與尿袋，我才知道問題大條了，以他當時的狀況要不能再入山也要馬上後撤回台北。 今午的行程相較往後所有行程是如逛花園一般的輕鬆，明早開始就要往高處，後又需要涉水過河，他如有任何閃失輕則會讓他終身遺憾，重則會讓他喪命 K2 山區，因為入山後基本就無法再後送，當然他如果有任何閃失也會影響到這次活動的運作。 筆者、桑珠隊長、及老于共同討論後作出了「堅決要求游啟義明早折回」的決定，為確保他的安全的撤返，老于將派遣 1 頭駱駝與 1 位駝工隨行，但這麼一搞，運補能力又被減少了，我們能了解這種狀況是他的山癡與執著所造成的，我們也能理解他一生嚮往 K2，怎麼能讓身體問題就阻止了這非常難得的機會。

▲ 大紅柳灘營

▲ 塔吉克牧民用石頭搭起的羊圈

6/10/2000 大紅柳灘營地經三岔口轉往阿格勒達坂牧場營地

今天的天氣晴時多雲，終於將雨天拋在身後了。 早餐後就展開拆收營帳，整理背包、駝工架貨到駱駝背上、與清理營地等等的例行作業，同時我們也目送游啟義、1 頭駱駝與 1 位駝工啟程折回伊利克營地，大家的心情都很複雜，為他無法再參與這次遠征感到婉惜，但是這樣的處置方法還是最洽當的，登山過程就有如人生一般，時時要做出不得已的決定。 清點今天由大紅柳灘營地出發的大隊有人 30 員、羊 32 隻、駝工 15 員、與駱駝 61 頭，希望往後日子不要再有突發的狀況，而使人畜的數量又減少。

▲ 早上出發前往阿格勒達坂營地

第一段路程是沿著斯勒克河的右岸向三岔口前進，直線距離約有 5 公里。 到了三岔口時就要過斯勒克河左轉進入往阿格勒達坂（啞口）的一線天峽谷。 山徑是沿者峽谷的左邊盤旋上升，緊依山壁臨著懸崖，寬度狹窄剛剛好只能容納下一頭駱駝與背上的貨物，如駱駝一失足那就是駝與貨盡失，但動物的平衡能力就是強。 途中遇到了幾位塔吉克牧民與他們的孩子，他們趕著羊，而那些羊就沿路吃有莿的旱地植被，塔吉克牧民生活的確很艱苦，而它們的羊群也吃不到嫩草，到邊疆才能真正地去體會到這裡的地理環境與人文後，你才會真正的感受到我們的生活環境實在太優裕太舒適了。

▲ 駝隊進入一線天峽谷

▲ 沿途遇到塔吉克牧民放牧羊群　　　　▲ 駝隊沿著狹窄的山徑盤旋行進

　　今天的路程要由海拔 3,750 公尺爬升到海拔 4,480 公尺，由三岔口到今晚的阿格勒達坂牧場營地有 13 公里長的路程，是非常辛苦的一天，主要因為身體要適應高度還有缺氧。 電視隊陳建鄂隊長有嚴重的高山症，為減低他的高山症，防止肺水腫發生，就讓他在晚上睡覺時吸氧氣，氧氣瓶是在遠征中最昂貴也是最珍貴的物資，但是隊員的生命與健康還是高於一切的，前面提到過陳隊長在退伍前是當任海軍陸戰隊的兩棲偵搜大隊的連長，他的體格與體能是一流的，但是高山症與體格體能沒有直接的關聯，而是由個人的基因所支配。 筆者被大陸山友說成是「書生」，但這位書生登到海拔 7,500 公尺高時既無高山症也不需要吸氧氣。 提供給讀者一些數字，海拔 4,500 公尺的氧氣含量是海平面的氧氣含量的 55%，到海拔 7,500 公尺時氧氣含量就下降到 36%。 阿格勒達坂牧場營地上有幾棟牧民所搭建的石頭屋，與幾個在夜晚時用來圈羊群石頭圍牆羊舍，這裡是牧民在春夏季放牧時的臨時居所，我們營帳就搭在石頭屋前的開曠地上。

▲ 阿格勒達坂營地

▲ 石頭圍牆內的羊群

6/11/2000 阿格勒達板牧場營地越過阿格勒達坂往克勒青河第一紅柳灘營地

　　早上的天氣晴時多雲。　今天的行程是 14 公里長，高度要由海拔 4,480 公尺爬升到海拔 4,780 公尺的阿格勒達坂，再下降到海拔 3,930 公尺的克勒青河第一紅柳灘營地。　今天由營地出發的大隊有　人 30 員、羊 32 隻、駝工 15 員、駱駝 61 頭，與一頭驢子，為何有一頭驢子呢？　因為電視隊陳建鄂隊長有嚴重的高山症，無法再向高處行走，所以向牧民租了一頭驢子，讓陳隊長騎到海拔 4,780 公尺的阿格勒達坂，到那後再將驢子交回給牧民。　這些駱駝經常在這山區做運補，所以沒有高山適應性的問題，但不知道這 32 隻會行走的肉品「羊」是否會有高山反應？　電視隊的隊員在台灣時基本上沒有登高過於海拔 3,000 公尺以上山，他們的高山適應能力是我們最擔心的事，所幸除了陳隊長外其餘 5 位的適應狀況都還良好，尤其他們一生都從未登到近海拔 5,000 公尺的高度，他們都能適應良好讓筆者感到蠻意外的。

　　這裡的景色真是像極了西遊記內所描寫的景緻，行進間的感覺彷彿自己是唐三藏一行人中的一員，與動物一起翻山過河，只希望不要遇到牛魔王，但可以看看鐵扇公主。　下到克勒青河後因為要右轉渡河到對岸後，再往河下游前進才能到達今晚夜宿的營地，駝工讓我們隊員騎在駱駝背上渡河，這是筆者平身第一次騎駱駝。　若在克勒青河時左轉向克勒青河上游方向，就是去攀登布洛阿特峰（8,047 公尺），迦舒爾布魯姆 I 峰（8,068 公尺），與迦舒爾布魯姆 II 峰（8,035 公尺）的路線了。　喀拉崑崙山脈中 5 座 8,000 公尺以上高峰有四座是可由我們所走的路線來入

▲ 駝隊出發往海拔 4,780 公尺的阿格勒達坂 (啞口) 前進

▲ 羊群被趕向海拔 4,780 公尺的阿格勒達坂 (啞口) 前進

▲ 電視隊陳建鄂有嚴重高山
反應無法自己向高處登高

▲ 驢子在海拔 4,780 公尺的阿格勒達坂（啞口）處還給牧民

▲ 由克勒青河回首望阿格勒達坂

▲ 人羊馱過克勒青河往第一紅柳灘營地前去

▲ 筆者生平第一次乘坐駱駝

▲ 第一紅柳灘營地

山，當然由巴基斯坦入山比由新疆這邊入山其路途短的許多，也沒會這麼艱辛。

　　第一紅柳灘營地還相當寬敞，有許多紅柳樹，這種紅柳不是我們平時看到柳樹，這紅柳枝上有很多莿，連駱駝都不會吃的。

　　今晚晴空萬里！ 夜晚的溫度接近 0 度攝氏，地面的熱量因無雲所遮蔽所以熱能以紅外線輻射方式散到外太空。 我記得在 1978 年在美國讀研究所時，一位同學的研究就是探討「熱能以紅外線輻射方式散到外太空」的題目，他的實驗是用一片商用的太陽能集熱板，將該板的五面用熱絕緣材料所包覆。 而該太陽能集熱板面相正上方的天空，在該板內的黑色金屬集熱鈑上放了幾枚溫度傳感器。 在嚴寒的晴空無雲的一個冬天夜晚做實驗，外氣溫度是低到零下 20 度攝氏，但黑色金屬集熱鈑因其熱量是以紅外線輻射方式散到太空，以致該鈑的的溫度比環溫低了 7 度攝氏，這就是為何在乾燥無雲的地區晝夜溫差這的大的原因。

6/12/2000 克勒青河第一紅柳灘營地 往 克勒青河第二紅柳灘營地

▲ 早上陽光照射下的第一紅柳灘

　　今早的天氣是「晴」，耶！！！天氣這麼好是四週的景緻變成非常壯觀，高山、白雪、河流、峽谷！！今天的路程只有 10 公里長，是持續向克勒青河的下游方向前進，海拔高度下降 60 公尺，是這次 5 天行軍最輕鬆的一天，所以不需要一大早就打包上路。 老于決定中午 12 點出發，為何要在下午行軍呢？ 因為這路程上要多次涉水渡過冰冷與川急的河水，這河水不久之前才由冰河舌口融化的，20 年後想起來還是感到「冰」！！！因為天氣極好，電視隊就一大早就出發取景去了，他們實在很敬業。 因為有時間閒晃，所以筆者到處觀察第一紅柳灘營地，這紅柳灘長約 600 公尺寬 100 公尺，是很優質的營地，但要來到這營路程對愛好露營的人士來講是「遠」了一點。

▲ 又是另一天的打包上架

▲ 西遊記通天河的景致

▲ 過了小溪就到了第二紅柳灘營地

▲ 第二紅柳攤營地

▲ 塔吉克駝工是鷹舞高手

▲ 藏族隊員河邊洗頭擦身體，好冰！！

塔吉克駝工很喜歡跳舞，只要閒下來就聚集在一起雙雙對對跳老鷹舞，塔吉克人認為他們的先祖是老鷹。 至於伴奏用的樂器更是有創意且能就地取材，鍋子或臉盆當作鼓與鑼，動物的骨頭用英吉沙小刀切斷，兩端修平，骨頭上鑽幾個洞後，哇啦！一支笛子就出爐了。 筆者就親自見證其中一位駝工在河床上看到一個死去的老鷹後，他將鷹的翅膀主骨取出，不用 5 分鐘就製作出一支笛子，在休息時馬上派上用場為跳老鷹舞的同伴伴奏。

營地出發前的清點了大隊；人 30 員、羊 32 隻、駝工 15 員與駱駝 61 頭，今天的重頭戲是「涉水過河」。 駝工過河很輕鬆，他們只要騎上駱駝就過河了，連腳都沒有溼，入山時因為駱駝揹負重物資，所以在人員可安全涉水渡河的路段，駝工基本上是不會讓隊員騎駱駝的，所以隊員渡河時就要大費周章，水深到鼠蹊部所以要脫下長褲、襪子、鞋子後再一步步走過這冰冷與川急的河水，過河後又要整裝直到下一次渡河，同時還要保證這群會行走的肉品要能安全過河，有好幾次羊群害怕還要我們一隻隻拉著過河，有幾隻羊被河水沖走時，在附近的隊員還要衝去當救生員，所幸經過數次驚險最後全員人與畜全數安全抵達克勒青河第二紅柳灘營地。 營地是位在河流向下流走向的右岸，這一個紅柳灘長約 500 公尺寬 100 公尺，紮營完畢後，藏族隊員就去河旁洗頭刷牙，藏族 還是「勇」。

▲ 隊員脫鞋脫襪脫長外褲準備過 2℃ 湍急的克勒青河

6/13/2000 克勒青河第二紅柳灘營地，經匯流口轉往沙爾瀑拉格河 BC

今早的天氣也是「晴」，路程 14 公里長，行進的方向是持續向克勒青河的下游前進，到了與沙爾瀑拉格河的合流口，就要左轉往沙爾瀑拉格河上游走去，

而行程中海拔高度的變化是先下降,到了合流口左轉才開始上升。 這路程上還是需要數次渡過冰冷與川急的河水,過程幾乎與昨天一模一樣。 今天由營地出發的大隊還是 人 30 員、羊 32 隻、駝工 15 員、但駱駝多了 1 頭成為 62 頭,因為有 1 頭野生駱駝與我們同行了一段路,野生動物的強韌性非我們現在人類所能意會的。老于這位魁武的前三鐵健將過河時候的姿態就是穩如泰山,當然今天羊群在過河時重覆昨天過河時的戲碼,說實話,大隊人馬往後 70 多天的蛋白質與脂肪的來源就是要仰仗這 32 隻羊,所以抱也要將牠們抱到 BC。

依據探勘隊江永達所提供的資料以及駝工的解說,有一條捷徑可直接切到 BC 而不需要沿著河行走,這是一條登山小徑,駱駝是無法行走在這小徑上,這捷徑是要登高 700 公尺沿著海拔 5,000 公尺的馬鞍山半山腰走的。 各位讀者會說 700 公尺算什麼,但是這裡是海拔 4,000 公尺登高到 4,700 公尺,氧氣只有海平面的 55%,那為何幾乎所有攀登隊員都走這一條山路呢? 因為登到馬鞍山的半山腰就可看到盼望與心儀數十幾年久的 K2 了。 在向上攀登路程中回頭一望看到駝隊排著細細的一列沿著河床前進場面實在壯觀,就如我們常常在電影或旅遊雜誌所看到的在西域的駝隊景象,啊!筆者忘了自己就在西域。

 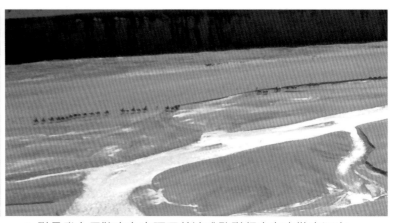

▲ 老于過河穩如泰山　　▲ 隊員登上馬鞍山在山腰回首遠眺駝隊行走在克勒青河床

登高了約 1 小時候開始沿著馬鞍山半山腰前進,小徑的右下方就是沙爾瀑拉格河,先進入眼簾的是遠方位在沙爾瀑拉格河左岸的 BC,再向前行漸漸的 K2 露出來了,那時的心情真不知要如何形容,尤其是筆者的感觸是複雜與激動的,想到從開始醞釀、籌劃、因妻子過世而延後、募款與尋求贊助時所嚐到的人間冷暖、裝備的採購繁雜等等等,到最後還要由自己荷包中捐出一大筆金錢才能讓這次的遠征隊成行,我是不折不扣的「山癡也」。 筆者在 1993 年遠征珠穆朗瑪時由西藏定日縣往珠穆朗瑪 BC 的路上,在第一個啞口第一次看到喜馬拉雅山脈:左有馬卡魯峰(8,463 公尺)、中有珠穆朗瑪峰(8,848 公尺)、右有卓奧友峰(8,201 公尺)一樣的激動,但卻沒有這麼複雜的感觸。

▲ 在馬鞍山腰第一次見到 K2

▲ 在定日往珠穆覽朗瑪峰 BC 的路上第一次眺望到喜馬拉雅山脈上的馬卡魯峰，珠峰，與卓奧友峰

▲ 在馬鞍山腰第一次見到 BC

在堆石旁拍完了留念照就馬上啟程沿著馬鞍山腰緩坡下降向 BC 前進。 這裡空氣非常乾燥，相對溼度不高於 20%，視線開闊，看起來距離很近但實際走起來卻很遠。 由馬鞍山的堆石點到 BC 的距離有 9 公里遠，所幸是由海拔 4,600 公尺持續的下坡不費力，但是再怎麼不費力在缺氧下也會讓人很到身體上的累與無力。 隊員們在下午 3 點半前後到達海拔 3,850 公尺的 BC，而駱駝與羊群大隊在下午 6 點前後抵達，一隻羊都沒有少，真是天大的奇蹟。

BC 的景緻又比前兩天的營地開曠多了，克勒青河的河谷寬度平均有 1 公里，而沙爾瀑拉格河的河谷有 4 公里寬，其景緻是極為壯觀。 這黃昏是在北京時間晚上 10 點，所以還有 5 個多小時的時間可以建設營地，整理物資。 筆者的工作就屬技術性了，如安裝太陽能集電板與儲電設備，安裝與測試 25 瓦基地無線電對講機，一一測試 15 具 5 瓦手持式無線電對講機，與測試衛星手機等等工作。 文章曾解釋過 ACeS Garuda-1 衛星的位置是在印尼上空 3 萬 8,000 公里的地球同步軌道上，理論上該衛星發射的訊號能覆蓋到 K2 的山區，但在 BC 的位置該衛星在東南方地平線上 30 度仰角而已，只要手機與衛星的直線上有高山擋到訊號就無法收發，所幸是在 BC 的東南方向的山並不高，手機有訊號，試著撥電話到台北勁報劉美芬記者，接通了！ 試著連接互聯網，也可收發電子郵件，這下子可發新聞稿給勁報了，勁報也在隔天 6 月 15 日刊出由 BC 發出的新聞稿，萬歲！

▲ 筆者裝設 BC 的太陽電能供電系統

▲ 駝隊抵達 BC 卸下物資

▲ 向南方向看 BC 營地

▲ 位在沙爾瀑拉格河旁的紅柳草原的 BC 營地

　　往 ABC 的運補時，駱駝還可走到冰河的舌部，所以大隊人馬除了架設起自己睡的營帳、大隊帳、與炊事帳外，也要配合老于將明天要用駱駝運送到喬戈里冰河舌部的物資分配出，並組織第一次向 ABC 運補的隊伍。 該隊伍的組成：次仁多吉擔任隊長，隊員有小齊米、拉巴、次洛、王金榮、薰小強、杜小山與 6 位電視隊藏族協作。

　　電視隊的兩位 SNG 工程人員到 BC 後已經將 SNG 轉播設備組裝測試成功，在 BC 的風沙很強，能讓這些嬌貴的設備由台北經飛機、汽車、卡車、駱駝的翻山涉水的，運到這邊疆的邊疆還能正常運作，該隊的功力與能力實在令人佩服！ 電視

隊就馬上將前面 5 天旅程所製作的錄影帶馬上用 SNG 傳回台北，ERA 體育台也開始在每晚 11 點的運動晚報節目撥放，這是一個由 K2 的 BC 以 SNG 轉播的世界紀錄，是前無古人的創舉。 SNG 接通後也代表電視隊可以同時通過海事衛星直接與外界通話了，陳建鄂在這裡還是很關心 NBA 總冠軍戰所以頻頻詢問戰況，他的心情也隨著戰況起舞，他身處邊疆但他是 NBA 迷。

很幸運的是，這個 BC 有一個清澈的泉水源，這個水源供應 BC 的飲用水。 隨然 BC 是在沙爾瀑拉格河河邊但河水是剛由冰河融化下來，河水內含有冰河了切磨下來的石粉，這種河水英文叫作「glacier milk」，是完全不適合用來作飲用水的。

走完了這 5 天由伊利克營地到 BC 的路，心中聯想與體會到玄奘到西域取經時的路程是多麼艱難、辛苦、與危險，翻山越嶺涉水過蠻荒時無人之地，路途中可能幾天沒水源沒食物，除了到有人聚集的部落外大多都要夜宿在荒野，沒有營帳，沒有羽絨睡袋，要熬過的仲夏的炎熱（如吐魯番的 50 度攝氏）與寒冬的酷冷（零下 20 度），獨行時心理的無助，如遇到飢餓的猛獸時又沒有武器防身，沒有詳細地圖，沒有 GPS 帶路，沒有手機或無線電對講機，生病或受傷時要自己處理，不能像現在的台灣登山客走不動就用手機要求直升機來接，就像叫計程車或 Uber 般。玄奘去程由西安出發，路經新疆北麓到現在的塔吉斯坦國，轉南繞過喀拉崑崙山脈到阿富汗首都卡布爾，再過巴基斯坦首都伊斯蘭瑪巴德，沿喜馬拉雅山脈南麓過路喀什米爾，最後抵達現在印度的德里。 我們這一隊伍的行程在一般人看來是很艱辛與危險的，但是筆者可以由衷地說相較玄奘取經旅程，其艱難、辛苦、與危險的程度是本隊伍這 5 天旅途的千倍以上，筆者真是由衷敬仰與欽佩玄奘。

▲ 向北方向看 BC 營地

6/14/2000 第一梯次 ABC 運補之 1，BC 至喬戈里冰河舌部營地 D1

一早第一梯次 ABC 運補隊伍與 30 頭駱駝，背負著要運送到 ABC 的裝備與物資一起出發了。 筆者於是用無線電嘗試著呼叫在冰河舌部的美國隊，通知他們本隊今天的行動，該隊的無線電頻率是 145.0 MHz，但呼叫數次都沒有人回應。 1 小時後次仁多吉無線電回報，説美國隊與日本隊還有大批物資還放置在冰河舌部等待運送到 ABC，美國隊與日本隊並無設置 BC，他們是全員上到 ABC，所以那兩隊伍設置在冰河舌部的營地可以説是一個另類的 BC 了。 今晚第一梯隊次；仁多吉、小齊米、拉巴、次洛、王金榮、黨小強、杜小山與6位電視隊藏族協作夜宿冰河舌部營地 D1，等待明天塔吉克及維吾爾族的民工報到。 駱駝將物資運送到 D1 後，就馬上折返回伊利克營地去執行第 2 批運補工作，他們計畫 10 天後將第 2 批物資運抵 BC。 第二批的物資為汽油燃料、氧氣瓶與攀登器材與設備等，8,000 公尺以上高峰的攀登過程中，物資的運補是由活動開始前一個月到活動結束之間是沒有停頓過的。 遠征的活動與軍事作戰是一樣的，後勤與運補是致勝的關鍵，最重要的是「要在適當的時候運送當下所需要的物資到需要單位的手上」，不立即需要的物資，可依照運補的能力，放在以後的梯次運送。

電視隊今晚由 BC 作了一次 SNG 報導後，這些設備就要再被拆解裝箱，明天就要開始向上運送到 ABC 了。

▲ 桑珠隊長與筆者與第一梯次向 ABC 運補的隊員一一握手打氣

▲ 第一梯次向 ABC 運補隊員與駝隊離開 BC 往 D1 營地前進

6/15/2000 第一梯次 ABC 運補之 **2**，喬戈里冰河舌部營地 D1 至運補中間營地 D2

今天的行動為：

● 將在海拔 4,190 公尺冰河舌部 D1 的物資向上運補到位在海拔 4,740 公尺的喬戈里冰河上的 D2。 這支運補隊是由次仁多吉，小齊米、拉巴、黨小強、杜小山、6 位電視隊藏族協作與 18 位民工所組成。 王金榮與次洛留守 D1 看守剩餘物資，雖然冰河舌部位處在邊疆的邊疆，但在登山期間來往人多又雜，除各隊的登山隊隊員外，還有駝工與民工來來往

▲ 喬格里冰河舌部營地 D1

115

往，食物、營帳、登山器材等對登山隊隊員、駝工或者是民工還是很有吸引力的，如不幸被無聲的「借」走，對往後的行動都會造成負面的影響。 這裡沒有 Costco 或 7-11，少了一樣東西，有錢也買不到。 到了下午 1 點半，次仁多吉用無線電報話説，原本預定今早來到 D1 報到的 18 位民工，連 1 個人影都還沒出現，今天向 D2 的運補計畫又要泡湯了。 次仁多吉還提到，美國隊還有 4 人留守 D1，而日本隊有人會下到 BC 訪問本隊

- 不一會兒日本隊隊長坂本正次就出現在 BC，我們請他吃中飯也相互贈送隊旗。
- 下午 7 點左右 18 位民工終於出現在 D1，其中有 1 位不作運補的民工主任，民工報到後第一件事就是與黨小強談工資，他們要求的工資是揹 1 公斤的物資由 D1 運送到 ABC 要人民幣 15 元，民工有塔吉克族與維吾爾族。

▲ AM Radio 先生的營帳與天線

筆者在探勘 BC 周邊時，發現有一頂孤零零不是屬於本隊伍的營帳紮在本隊 BC 的西南方向的山坡上，該營帳旁不遠處有一片太陽集電板，再遠一點立了一支高聳的天線。 筆者認為可能是政府或學術單位在這邊疆的邊疆做學術調查或是研究工作，於是去做了訪問，交談後才知道這位先生是一位 HAM radio 的愛好者，他在這裡用長波可以與地球的另一端的 HAM radio 的的愛好者對話，筆者記得這位先生是由一個內地的大城市來這的，他真有膽識，隻身來到這麼邊疆的邊疆來做自己喜好的事，實在可敬可佩。

6/16/2000 第一梯次 ABC 運補之 3，喬戈里冰河舌部營地 D1 至 ABC

今天的行動為：

- 早上 7 點 30 分，次仁多吉，小齊米、拉巴、黨小強、杜小山、6 位電視隊藏族協作與 15 位民工開始向 D2 前進，2 位民工生病不能作運補在 D1 休息，民工每人至少負重 15 公斤的物資，其中 4 位民工揹 20 公斤，次仁多吉用無線電報話給 BC 說，該隊伍在上午 11 時到達 D2 後再向 ABC 前進。
- 6 位電視隊藏族協作到了 ABC 放下 SNG 設備後當晚下撤夜宿 D1。
- 次仁多吉，小齊米、拉巴、與杜小山夜宿 ABC。
- 王金榮與次洛還是留守 D1。
- 黨小強為了安排明天民工運補的工作，他計畫將物資在 ABC 卸下後就連夜趕回 D1，真是辛苦他了。
- 衛星電話無法接通，無法提供新聞稿給勁報。

▲ 運補中間營地 D2

6/17/2000 第一梯次 ABC 運補之 4

今天的行動為：

◉ 五位隊員；羅申、扎西次仁、謝祖盛、謝江松與楊家聲今早 9 點 30 分由 BC 經 D1 往 D2。

◉ 王金榮因為肚子有恙下撤回 BC 需要給洛桑雲登醫生看看，他吃了醫生開的藥就好多了。

◉ 一位民工疑似盲腸炎下撤回 BC 掛病號看醫生。

◉ 次洛帶領 6 位電視隊藏族協作於早上 7 點 30 分由 D1 出發，約 11 點 30 分抵達 D2，背起昨日運送到 D1 的一批電視 SNG 設備，往 ABC 運送，王金榮報告兩天下來這 6 位年輕的藏族高山協作，每人每趟可揹 30 至 40 公斤，已將大部分的電視隊物資集 SNG 設備上運完畢，他們真是「勇」，這些年輕的藏族在 20 年後的今天都已經成為西藏登山的主力。 1979 年時西藏開放境內的 8,000 公尺以上高峰給讓外國人登山。 當時次仁多吉與加布兩人，就是第一批的高山協作。次洛在途中無線電報話説，民工在半路將一個箱子就放在路旁，真傷腦筋。

◉ 下午 12 點 35 分羅申由 D1 用無線電報話給 BC：

 1. 他與扎西次仁將夜宿 D1，明天 2 人一起 ABC。

 2. 謝祖盛、謝江松、與楊家聲今晚將夜宿 D2。

 3. 民工昨天被操了一天今晚要求在 D1 休息，後天才能上 ABC，這些塔吉克族與維吾爾族協的運補能力是較差的，他們賺的是辛苦錢。

◉ 黨小強為直到隔天凌晨 1 點多才回到 D1，只為了要處理民工事務，民工要求多休息一天，又吵要增加工錢，真傷腦筋也，真為難小強哥了。

◉ 次仁多吉，小齊米、拉巴、6 位藏族高山協作、與杜小山夜宿 ABC。 本隊的 ABC 是被設置距離 K2 山基部約 4 公里處的喬戈里冰河的冰磧石道上，其他三隊的 ABC 較為接近 K2 山基部的，兩個營地的距離有 3 公里，本隊的 ABC 的冰磧石道兩側有約 10 公尺高的冰塔，且喬戈里冰河兩旁也是高山，冰塔間的冰磧石道的寬度 15 至 20 公尺受強風影響少，其他三隊的 ABC 位於開曠冰河上，當然我們的隊員在攀登時要來回多行走 6 公里的路。

◉ 衛星電話無法接通，又是一天無法提供新聞稿給勁報。

▲ 位於喬格里冰河喀拉崑崙大道上的 ABC

6/18/2000 第一梯次 ABC 運補之 5

今天的行動為：

● 謝祖盛、謝江松與楊家聲由上午 10 點由 D2 啟程前往 ABC，楊家聲於約下午 2 點 30 分抵達 ABC，謝祖盛、謝江松隨後也抵達，這是歷史上第一位來到這個地點的香港人或台灣人。 他們 3 位帶了 1 頂營帳、高山瓦斯與高山爐爐頭，今晚開始要擠在一頂營帳裡住上幾個晚上，培養革命情感，直到更多由帳被運補到 ABC，他們 3 位才能有自己的生活空間。

● 羅申與扎西次仁帶領民工於早上 9 點 50 分就抵達 D2，將繼續往 ABC 運補。

● 6 位藏族高山協下徹夜宿 D1。

● 下午 2：10 次仁多吉用無線電從 ABC 與在 BC 的桑珠隊長及筆者討論明天行動為：

　1. 考慮第一批運上 ABC 的食品多為脫水食品與乾糧，為節省高地食品的消耗，明早次仁多吉，次洛、拉巴、扎西次仁、與小齊米由 ABC 下撤 BC 休整。

　2. 為讓台北及香港隊員能適應高度，謝祖盛、謝江松、楊家聲、與杜小山留在 ABC 夜宿，杜小山是將在往後期間擔任駐 ABC 的廚師。

　3. 還有 15 件物資存放在 D2，D1 也有物資需要上運到 ABC。

- 下午 7：25 黨小強由 D1 用無線電報告明天的行動為，

  1. 所有物資將由民工從 D1 與 D2 運補到 ABC。

  2. 6 位電視隊藏族協作中，將會有 2 位把剩餘在 D1 的電視 SNG 設備運送到 ABC，其他 4 員將下撤 BC 休整。

- 今晚夜宿 ABC 的隊員有 次仁多吉、次洛、拉巴、羅申、小齊米、扎西次仁、謝祖盛、謝江松、楊家聲、與杜小山。

- 今晚夜宿 D1 的隊員有 黨小強與 6 位電視隊藏族協作。

- 日本隊完成上移到 ABC，美國隊進度不明。

- 衛星電話無法接通，還是無法與勁報連絡上提供新聞稿。

6/19/2000 第一梯次 ABC 運補之 6

今天的行動為：

- 4 位電視隊藏族協作員於下午 1 點 15 分抵達 BC 休整。

- 次仁多吉，次洛、拉巴、小齊米、扎西次仁於下午 5 點 35 分抵達 BC 休整。

- 2 位電視隊藏族協作一早大出發將員將剩餘在 D1 的電視 SNG 設備運到 ABC 後也箭步的下到 D1，他們在下午 5 點 25 分離開 D1 下撤 BC 休整。

- 今晚黨小強單獨夜宿 D1。

- 今晚夜宿 ABC 的隊員有 羅申、謝祖盛、謝江松、楊家聲與杜小山，讓台北及香港的隊員能適應高度以利往後的攀登。

- 至今晚為止，在 ABC 已架設好指揮帳 1 頂及隊員雙人帳 3 頂，D2 已架設好隊員雙人帳 1 頂與民工帳 1 頂，D1 已架設好炊事帳 1 頂及民工帳 6 頂。

　　衛星電話終於接通，將好幾天的新聞稿傳送給勁報劉美芬小姐並接受電話的訪問，我們也約好每天早上 9：30 至 10：00 之間她會打電話給我，如此這次活動的新聞才不會被間斷，但還是要取決於衛星電話是否能接通，到底這衛星電話系統還在試營運階段，所以相當不穩定。

6/20/2000 第一梯次 ABC 運補之 7，大隊在 BC 休整

早上，筆者代表在 ABC 的楊家聲用 ACeS 手機與他的家屬連絡上，祝賀他弟弟新婚快樂，並問候他父親的病情。

⚫ 上午 10 點，黨小強在第一階段指揮與協調民工運補的工作完成，他將回到 BC 休整。

⚫ 民工主任在送出 8 位民工，將最後一批的物資由 D1 出發運往 ABC 後，隨即也下撤 BC，他於中午 12 點抵達。

⚫ 羅申下午 7 點由 ABC 使用無線電報話說，8 位民工已將最後一批九件物資運到 ABC，第一梯次 ABC 運補工作到此順利完成，所有物資都放在指揮帳中，謝祖盛、謝江松、楊家聲健康狀況良好，繼續停留在 ABC，羅申並提到 K2 今年雪少有需多露岩攀登時需要打岩釘，筆者與他約訂，有事沒事都要在每小時的正點作無線電通話。

▲ 陳國勳騎驢

留在 BC 電視隊員都已適應海拔 4,000 公尺的高山氣候，給讀者一個概念，玉山山頂的高度是海拔 3,952 公尺，他們已經不會頭暈，也不會呼吸急促，說話時也不會喘了。 在這養精蓄銳的日子中，最累是 BC 廚師李富民了，他要打點大隊人馬的食物真是從早忙到晚，還要不時作一位屠夫，「可憐的羊群」，隊員則是各忙各的，看書、寫字、洗衣、洗頭、洗身體、打盹、釣魚、騎驢，藏族隊員特喜歡打撲克牌。 大家都有共同的工作就是在颳大風過後每個人就要打掃營帳內的沙子。 筆者的工作是忙著測試操作通訊器材與筆電，因為筆者還需要在這邊疆的邊疆，通過電話與 email 來管理筆者所

▲ 老于協助隊員洗頭

▲ 老于在沙爾瀑拉格河旁垂釣

▲ 老于午後瞇眼休息

經營的美國公司與台灣公司，並且要每天發新聞稿給勁報，除此筆者還有「蘇武牧羊」的工作，每天將羊群趕出羊圈讓牠們去吃草，晚上 8 至 9 點間再將羊群趕回羊圈，這還是筆者平生第一趕羊。

因為在這裡使用北京時間使得日出與日落時間推遲了 3 小時，早餐是在上午 10 點放飯，下午 2 點吃中餐，晚餐在下午 8 點吃，休息一下後在晚上 10 點半看夕陽西下的美景，非常的愜意。

▲ 筆者作蘇武牧羊式放羊

6/21/2000 BC 繼續休整

今天唯一有行動的是王金榮，他今天由 BC 直上 ABC 作攀登前的高度適應，他上午 8 點啟程，約在下午 6 點 20 分抵達 ABC，前後一共走了 10 多小時。 今天風大，天氣轉壞變冷，西風轉北風，BC 偶而下雨與飄雪，下海拔 6,000 公尺以上山頭都下雪了，溫度接近 0 度，在 BC 的隊員多躲在營帳中避免受風寒而影響到往後的行動，當有強風襲來時，風沙滾滾外，躲在營帳內的隊員還要不時出營帳去用大石頭壓住營帳裙擺，並拉緊與固定營繩，以免營帳被吹垮或被吹走，還要清掃被吹到帳內的沙子。 ACeS 衛星手機又不通，只有借用電視隊的海事衛星與外界溝通，幸好現在有兩個衛星通訊管道可用。

▲ BC 沙爾瀑拉格河對岸風雨愈來的景象

▲ 老于偕同黨小強試著在 BC 耕地開墾菜園

　　BC 已經開始糧食短缺，因為大部分的糧食是分配到第二梯次駱駝運補，第一批駱駝運補的物資已經大部分被運到 ABC，所以要省一點的吃了，還好第二梯次駱駝運補將預定在明後天到達 BC，應該沒有大礙了。 伊利克長途跋涉來的 32 隻羊已經有 4 隻被宰成肉品。 將來大部分的糧食都是會上運到 ABC，所以留在 BC 的隊職員要自己生產糧食了，老于帶了許多不同類的菜種，就在今天黨小強也在 BC 時，他們兩位合力開墾菜園種菜。

　　今天是筆者的傷心日，妻子在 4 年前的今天離世，希望她在天上作天使保佑我們全隊。

6/22/2000 第二梯次物資運補到 BC

　　第二梯次駱駝運補隊於下午 4 點 10 分抵達 BC，邊巴扎西、洛則、加布與杜元衡與大隊會合，全體隊員一起工作將要運送到 ABC 的物資與留在 BC 的物資分別出來，明天就要將 ABC 的物資用駱駝運到 D1。

▲ 第二梯次物資運抵 BC 後立即將 ABC 物資分別出

6/23/2000 第二梯次 ABC 物資上運之 1 與喬戈里冰河的植被

▲ 黨小強背負著物資與炊事用大鍋灶由 BC 前往 D1，峽谷中為喬格里冰河的舌部

▲ 筆者與黨小強及民工主任在 D1 合影

今天對本隊而言是一個里程碑的日子，當昨天運抵 BC 的第二梯次物資被運抵 ABC 時，這次海峽兩岸 K2 的攀登行動就要正式展開了。 昨天才抵達 BC 的藏族攀登隊員 邊巴扎西、洛則、加布 3 人在早上 10 點多會同扎西次仁及 4 位電視隊藏族協作 就出發攜帶貴重物資往 ABC 運，其中邊巴扎西在下午 5 點多就抵達了 ABC，而洛則、加布與扎西次仁三人在下午 5 點抵達 D2。 筆者則是在上午 11 點半，與黨小強及駝工主任率領的駝隊一起出發將第二梯次 ABC 物資運往 D1。 由 BC 到 D1 的路程長度約為 5 公里，到達 D1 後駝工立刻將物

▲ 峽谷中為喬格里冰河的舌部 D1 營地內的各國營帳

▲ 由 D1 至 D2 途中眺望冰河下游景緻

資卸下，黨小強就爭取時間將物資分配給民工，民工就在下午 2 點多出發往 D2。 D1 到 D2 的路程長度約 6 公里，D2 到 ABC 的路程長度也是大約 6 公里，由 BC 到 ABC 的路程是 17 公里，17 公里的路程如果是在低海拔的山區 5 小時可就可走完了，但在海拔 4,000 至 5,000 公尺的山區氧氣含量只有海平面含量的 60%，再加上冰河上冰磧石道是不好走，就好像在台灣爬 3,000 公尺高山上的碎石坡類似，所以由 BC 到 ABC 的平均行走速度是每小時 1.5 公里左右，當然藏族在這種海拔還是健步如飛，他們行走的速度在每小時 3 公里左右，而民工因為要負重 20 公斤，所以平均行走速度大約是每小時 1.5 公里左右，這就是為何要設立 D2，當由 BC 或 D1 出發的時間如果比較晚，就極可能需要在 D2 夜宿，或者民工由 D1 早上出發下午到 ABC 在返回 D1 時很有可能必須在 D2 夜宿，在這種海拔高度與在冰河環境下，如沒有夜宿在營帳內與睡在睡袋中，是會失溫死亡的。

　　由 BC 經 D1 到 D2 的路徑旁有許多植被，這裡的生長環境是非常惡劣的，長年沒有雨水，日夜溫差大，一年的生長期間不到 4 個月，但是這裡的生命就是這麼堅韌，到了 6 月就欣欣向榮開花結果。 筆者是一位「植物白癡」所以不認識這些植被，更不要說能說出他們的俗名或學名，但看到它們就將它們的影像記錄下來，也許有讀者能認出它們再來教育筆者。

▲ 冰磧石上生長的植被－1

▲ 冰磧石上生長的植被－2

▲ 冰磧石上生長的植被－3

▲ 冰磧石上生長的植被－4

▲ 冰磧石上生長的植被－5

▲ 冰磧石上生長的植被－6

　　日本隊的中間運補營地距離本隊 D2 約 30 分鐘路程，筆者在下午 6：15 到了日本隊的中間運補營地，日本隊員就很親切地招呼筆者入帳喝茶，我們用英文加上比手畫腳聊了一下今年在這活動隊伍的概況，今年除本隊伍外還有 3 支隊伍：美國隊 14 人、日本隊 4 人與國際隊 4 人。 國際隊的是由 2 位墨西哥隊員、1 位西班牙隊員與 1 位紐西蘭人所組成的，所有的隊伍中，我隊的人數最多共 34 人，當然隊員中攀登與登頂 8,000 公尺以上高峰的次數與經驗也是最強與最多的。 目前該三隊還沒展開向高地營 C1 修繩路的工作。 喝完了熱茶筆者就作了告辭，繼續向 D2 前進了，約 30 分鐘後於下午 7 點到，在 D2 的而洛則、加布、與扎西次仁三人在下午早已煮好了熱茶等在那兒，雖然只是小小的舉動但是倍感窩心。 我回想到 1993 年遠征珠穆朗瑪時，台灣攀登隊員在體力消耗幾乎完畢後抵達海拔 6,500 公尺的 ABC，當天藏族隊友早我們 4 小時到，但是當我們到 ABC 時他們沒有出營帳迎接，當然台灣隊員所需要夜宿用的營帳還是完整的躺在地上，藏族隊友也沒有幫我們搭起來營帳，台灣隊員只有用最後吃奶的力氣搭營帳燒與開水了來取暖，可能是當時隊伍的行前協調沒有做好，或者是藏族隊員認為，既然台灣隊員是身為一名攀登隊員，就理當有能力自己處理自己的工作。 這是第一次台灣與藏族一起攀登 8,000 公尺以上高峰，藏族是一生都生活在海拔 4,000 公尺上下，ABC 是海拔 6,500 公尺，對他們的生理狀態，就像台灣隊員到阿里山一般的生龍活虎，如行前沒有將這種高度差異告知藏族，他們是不能理解台灣隊員為何走得這麼慢的，當然也不會有主動去協助台灣隊員的。

　　今晚躺在冰河上的營帳內，成功了接通衛星手機與台北勁報及家人通話，這真是一種無價的人生經驗。

▲ D2 營地

6/24/2000 第二梯次 ABC 物資上運之 2 與喬戈里冰河由起源到舌部變化解說

今早的行動是 洛則、加布、與扎西次仁與筆者在早上 10 點一起出發往 ABC。

這一段路程的景色實在壯麗，出發後一小時就到了喬戈里冰河與東喬戈里冰河的匯流口，這裡也是冰塔縱列（冰牆）的末端，長距離的高山冰河在中段一般都會有冰牆冰塔形成，如果冰河在前段的地形是開闊時其河表面會很平坦，但高山冰河的中段基本上都會流經峽谷，河寬急遽縮小，造成冰流擠壓，產生皺褶而形成了一列列的冰縱列，在冰河前段流動時所擠壓切割下來的山岩，會聚集到冰河表面成為冰磧石流，冰磧石流會吸收太陽熱能使得其表層下的冰比無冰磧石流表面的冰融化的快，如此一來冰磧石流的冰河表面會下沉，冰牆縱列就隨著冰河向低處流動就漸漸產生了，愈向下流冰牆縱列的高度就愈高，持續向下游流動時冰牆縱列較薄之處，會比冰牆縱列較厚之處較快速的融化與崩塌，高聳的冰塔就慢慢地形成了，冰河繼續向下游流去冰塔也慢慢地融化，冰塔逐漸消失，冰河的末段表面則全部覆蓋冰磧石，持續的流動與融化會形成許多的冰河裂隙、冰湖、與冰洞，這就是典型的長距離海拔 5,000 公尺以上的高山冰河的地貌。 筆者過了匯流口就繼續往喬戈里冰河上游前進，登山界都稱由匯流口到 K2 山基部這段冰磧石道為「喀拉崑崙大道」。 這裡有連續的照片與地圖標示來展示是喬戈里冰河由源頭開始到舌部間上、中、下游的變化。

▲ 由 D2 往 ABC 途中由冰塔眺望 K2

▲ 喬戈里冰河中間源頭冰湖源（0）

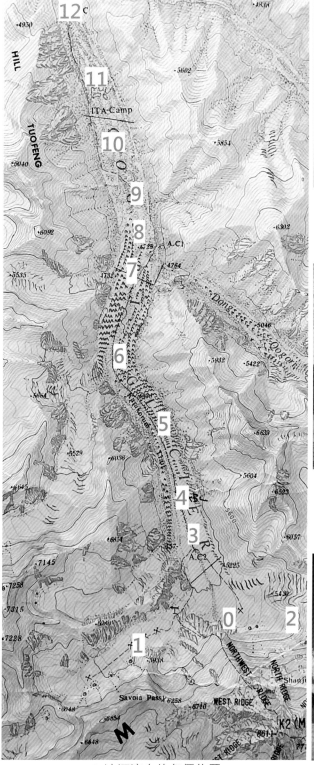

▲ 冰河流向的各個位置

▲ 喬戈里冰河左源頭（1）

▲ 喬戈里冰河右源頭（2）

▲ 喬戈里冰河主流起點（3）

▲ 喬戈里冰河上游（4）

▲ 冰牆段（5）

▲ 冰塔上游段（6）

▲ 冰塔下游段（7）

▲ 中游－冰塔逐漸消失（8）

▲ 中下游－冰塔消失（9）

▲ 下游－冰洞與冰池（10）

▲ 下游－冰洞與冰池（11）

▲ 舌部（12）

▲ 設立在喀拉崑崙大道上的ABC

　　筆者在下午 2 點抵達 ABC，見到了王金榮、謝祖盛、謝江松、楊家聲與羅申，他們在 ABC 高度適應已有 5 天，但這 5 天食物較「緊張」，現在第二批物資運到，廚師杜小山也會在明天來到 ABC，就可好好給大家補一補了。 ABC 營地建設在冰牆縱列間冰磯石，綠色的營帳是指揮帳，紅灰色的營帳是炊事帳與餐廳，橙紫色營帳是攀登隊員居住帳。 筆者到 ABC 將背包放在指揮帳後，立即展開組裝太陽能充蓄電系統與 25 瓦基地無線電台，這樣子，ABC 與 BC 之間，ABC 與有手持式無線電對講機的隊員之間，在 K2 山區的各角落就能聯絡到。 ABC 是位於峽谷之間，筆者最擔憂的是，在這位置無法與 ACeS 衛星能有直線視角，於是在晚上 11 點試著打衛星電話，哇啦！雖然訊號不穩但居然接通了，這下子筆者放下心中一塊大石頭，因為自從這項贊助成局後，筆者就一直擔心，在 ABC 位置與 ACeS 同步衛星有山體的阻擋。 今天桑珠隊長、次仁多吉、阿克布、與洛桑雲登醫生也在下午 4 點抵達 D2 夜宿。

　　講到「緊張」這 2 個字還有一個典故，筆者在第一次來到大陸是在 1993 年時參加海峽兩岸聯合登山珠穆朗瑪時，當時常常聽到老于跟他人説「什麼跟什麼很緊張」，筆者在 24 歲前是生長在台灣，在台灣當人們説「緊張」時，一定是只用在描述「人」的心理與行為，不會用在描述「物」，筆者依稀記得有一天老于説「汽油很緊張」，那時與老于還不熟識，筆者實在憋不住就問老于「汽油自己是沒有感覺，怎麼會感到很緊張呢？」老于莞爾一笑就説「緊張」是「缺乏」或「稀少」之意。 還有第一次聽到「某藏人能説普通話」，開始時筆者也會丈二和尚摸不著腦，筆者以為「普通話」是另一種方言，後來詢問老于後才知道「普通話」就是「國語」。

6/25/2000 第二梯次 ABC 物資上運之 **3**

▲ 朝穿棉襖

▲ 午穿紗

今天是大晴天，白天 ABC 的外氣溫度會飆升至 25 度攝氏但是，到了凌晨時，外氣溫度卻降到零下 10 度攝氏，溫差高達 35 度攝氏，可以驗證新疆的諺語「朝穿棉襖午穿紗」的寫照。 隊員早上起床後都穿著 Polartex 外套或羽絨衣爬出個人營帳到炊事帳吃早餐，但到下午時就要換上沙灘裝，其實 25 度必須在太陽直射下才會量到的溫度，因為太陽輻射熱不單單是由太陽直接照射，還有由兩邊的冰牆反射集中才能升到這麼高溫的，如果找一個太陽直射與反射都照不到的位置其溫度也只有 5 度攝氏而已，這裡真是個三溫暖，除非是親身體驗，否則很難體會該諺語的奧妙之處，當然長期在冰河上生活，肯定是會被曬成黑人的。

今天的行動有：

● 電視隊的陳國勳、李正偉、與江俊彥 3 位隊員由 3 位電視隊藏族協作護送，今
天從 BC 出發到 D2 夜宿。

● 桑珠隊長、次仁多吉、阿克布、與洛桑雲登醫生由 D2 出發到 ABC。

● 黨小強留守在 D1 管理指揮民工上運物資。

明天電視隊的陳建鄂、廖東坤、與吳俊龍 3 位隊員由 3 位電視隊藏族協作護送由 BC 出發上 D1，這批隊員出發後，本隊的 BC 只剩下老于、杜元衡與李富民三人駐守了。 當然還有 3 支外國隊伍由喀什登協派出的聯絡官駐守，以利協調後勤事務，美國隊的聯絡官是鄒教練，日本隊的聯絡官是趙玲小姐。

▲ 隊員整理物資與糧食

而黨小強在完成這一階段的運補指揮工作後也會駐守 BC，加上民工主任，HAM radio 先生，BC 還是應該很熱鬧的，老于應該不會寂寞的。

在早上 10 點左右得到消息說美國隊已經用了 8 天的時間，利用前幾年登山隊留下的舊繩路，修路到第一攀登攻擊營 C1。 為了所有隊伍能夠合作修繩路，美國隊與本隊約定下午 5 點開會討論合作方法，但不巧的是，雙方在約定時間沒有清楚交代用哪個時區的時間，本隊是用北京時間，美隊是用喀什時間，兩時區差 2 個小時，我們在北京時間 5 點等他們，但他們沒有人影出現，於是筆者再試著約晚上在本隊的 ABC 開會，但他們的隊長 Jeff Alzher 還是沒有現身，於是桑珠與筆者就在決定「自己的城池自己救」晚上就討論今後一週的攀登計畫，考量 ABC 距離 K2 山基部還有 5 公里之遠，為儲存攀登用的繩索、器材、氧氣瓶、高地營帳、食物、燃料等等的物資，計畫在喬戈里冰河主幹原點建立 D3 運補營，並且將攀登隊員分組並賦予任務：

- 開路 A 組：次仁多吉、邊巴、加布與洛則，其任務為開路與修繩路。
- 運補 B 組：拉巴、小齊米、扎西次仁、王金榮與羅申，其任務為運補修繩路所需的登山繩、攀登器材、與高地營帳等等的物資。
- 運補 C 組：次洛、謝祖盛、楊家聲與謝江松，任務為運補食品、高地營燃料、爐頭、炊具、與氧氣瓶等等的物資。
- 攝影組：洛則、與阿克布。

讀者也須可以體會到 拉巴、小齊米、扎西次仁、次洛、他們四位都有成功登頂世界第一高峰「珠穆朗瑪」的紀錄，其中小齊米是在 1993 年與吳錦雄、王勇峰、開尊、普布、小加措一起登上的，但他在這支隊伍只能算是二軍，可見這個隊伍的實力有麼強。 因為從 6 月 8 日起都是天氣好，使第一階段的運補進行的非常順利，明後天就會提前完，使原本 7 月 1 日

▲ 隊員整理攀登器材與繩索

要展開的攀登行動可被提前了。

　　原先在 6 月 3 日由 Troy Dunn 先生在北京親手交給筆者 6 支手機因其設定不正確，所以 ACeS 就派專人由北京乘飛機汽車再護送 6 支衛星手機到伊利克營地。這 6 支衛星手機交由本隊押運第二梯次物資的隊員親攜到 BC，次仁多吉會親攜到 ABC 後交給我，至此 BC 配置有 1 支衛星手機與 ABC 配置了 10 支衛星手機，可供隊員間在無線電對講機失效時，可用來聯絡 BC 或 ABC，但衛星手機的最主要的用途是用於本隊與外界的通訊。

6/26/2000 第二梯次 ABC 物資上運之 4

　　今天又是個大晴天，又是一個「朝穿棉襖午穿紗」的天氣，而今天本隊的行動為：

● 拉巴、小齊米、次洛與杜小山從 BC 上到 ABC。

● 民工今天最後一次運輸將全部物資運到 ABC，並將背架留下以利攀登隊員由 ABC 運補物資到 D3。

▲ 隊員協力搭起 2 頂大帆布營帳供電視隊隊員使用

● 在 ABC 的隊員，合力搭起 2 頂大帆布帳供電視隊專用，尤其是 SNG，錄影帶剪接機，與微波天線等設備必須放在營帳內，以防止外面惡劣氣候損傷這些被千里迢迢轉運來珍貴的精密設備。

● 隊員搭起 1 頂炊事帳，再同心協力用大塊冰磧石搭出一個餐桌。

▲ 隊員用冰磧石搭起餐桌

● 電視隊的陳建鄂、廖東坤與吳俊龍 3 位隊員由 3 位電視隊藏族協作護送由 BC 到 D2。

● 電視隊的陳國勳、李正偉與江俊彥 3 位隊員由 3 位電視隊藏族協作護送 D2 到 ABC，陳國勳與江俊彥在下午的 5 點抵達，而李「政委」是在下午 6 點抵達，可能是「政委」是電視隊的首席攝影師所以我想他是沿路取景與攝影而走走停

▲ 隊員協理搭起炊事用帆布營帳

▲ (左起) 次仁多吉，桑珠隊長，王金榮，筆者開第一次攀登會議

▲ 政委

停的？ 或者是「政委」的體重噸位也較大的原因所致呢？ 從台北出發後我們都可以看到「政委」扛著電視台通用的專業的高畫質攝影機 SONY HDW-700A HD 與鏡頭至少也有 10 公斤重，搭配著「政委」的噸位在人群中穿梭取景與攝影，在低海拔地區他可能已經習慣所以不會氣喘吃力，但在是 4,000 公尺以上的山區，要著扛著高畫質攝影機，迅速的配合隊伍的行動在隊員、駱駝、駝工與羊群間在河床上或冰磧石上穿梭取景與攝影就會非常的氣喘與吃力了，但「政委」總能「堅決完成組織所給予的任務」。

這次負責電視轉播的 ERA 年代影視台，預定在 7 月 25 日到 8 月 25 日的攻頂期間，將在 ERA 的各節新聞，以及 11 點運動晚報現場 SNG 「直播」當日的攀登行動，這是一次創舉。

晚上 7 點與美國隊取得聯繫，約定這週三（後天）在該隊的 ABC 召開合作攀登隊會議，而本隊也在晚上 7 點 30 分招開第一次的攀登會議，參加本會議有 2 位隊長與 2 位攀登隊長：桑珠、筆者、次仁多吉與王金榮，會議討論餅同意了各將分組的組長為：

● 開路 A 組：次仁多吉。
● 運補 B 組：羅申。
● 運補 C 組：楊家聲。

同時 4 人也討論開路、運補、與攻擊峰頂的行動綱領及時程，在天氣允許下與 B1 與 B2 運補跟的上 A 組的假設下的行動時程為：

● 6 月 29 日開路到 C1（海拔 5,700 公尺）
● 6 月 30 日開路到 C2（海拔 6,600 公尺）
● 7 月 1 日至 7 月 3 日間開路到 C3（海拔 7,100 公尺）
● 7 月 4 日在 C3 休整
● 7 月 5 日至 7 月 6 日間開路到 C4（海拔 7,500 公尺）

- 7月6日在C4休整
- 7月7日回C3休整
- 7月8日運補攻頂用物資上C4
- 7月9日開路到C5（海拔7,950公尺）
- 7月10日回C5休整
- 7月11日至7月14日間預留機動
- 7月15日回ABC休整
- 7月20日出發向C5執行修路與運補
- 7月28日至7月29日間攻擊頂峰

　　至於是由哪幾位隊員負責攻擊頂峰，是要依據當時隊員的生理與心理狀況、健康程度、攀登經驗與運補到C5營供攻擊頂峰的物資，尤其是氧氣瓶的數量，來作甄選的。

6/27/2000 ABC整修與第一批物資運補到D3

　　今天還是個大晴天，還是一個「朝穿棉襖午穿紗」的天氣。但早上起床後試撥衛星手機結果是「不通」，不知ACeS系統又發生什麼

▲ 預定攀登路線與需架設的高地營

▲ 全體攀登隊員開第一次攀登大會

問題，只能稍後在試撥，在這邊疆的邊疆山區內凡事只能耐心與等待，別無他法。

▲ 筆者運補物資到 D3

早上 11 點開全體的攀登會議，佈達分組方式、成員、組長、任務、開路、運補與攻擊峰頂的行動綱領及時程，以及攻擊頂峰隊員的選拔方法與條件。 原本計畫在 2 天前要由 BC 到 D2 的電視隊的陳建鄂、廖東坤、與吳俊龍 3 位隊員與 3 位電視隊藏族協作改到今天才出發。

早上全體參加第二次攀登會議，下午全體隊員出發將高地營的物資、攀登器材與高地食品到 D3，同時要架起 2 頂營帳，運補供儲藏物資，與攀登隊員夜宿用。 出發前，桑珠隊長與筆者對隊員做一次精神講話，我們強調這次的攀登必須全體隊職員精誠團結，並全力赴，希望能順利登頂，但前提是平平安安地去，安安全全的回。 本隊的 ABC 位置與其他三隊的 ABC 的距離大約有 3 公里，但都在建立在「喀拉崑崙大道」上，他們三隊的 ABC 更接近 K2 的山基，場地很開闊。 本隊伍的 D3 就是建立其他三隊的 ABC 與 K2 的山基間海拔 5,150 公尺處，我們是先經過日本隊與國際隊的 ABC 後再走約 500 公尺就會來到美國隊的 ABC，我們經過各隊的 ABC 時會他們的隊員都會出來一一的打招呼。

▲ 美國，日本，國際等三隊伍的 ABC

6/28/2000 祭山祈福儀式，健檢，危機，國際大會

今天是繼續昨天的大晴天，又是一個「朝穿棉襖午穿紗」的天氣。 早飯完畢後藏族隊員做了攀登前的祭山祈福儀式「煨桑」，煨桑是藏人的祭祀習俗，是焚燒穀物、松柏枝等產生煙霧祭祀鬼神的活動，直譯「煙祭」，他們在 ABC 的兩邊冰牆上拉了 3 條藏族的五色誦經旗，這五色旗在西藏高原地區經常都會見到，又稱為五色經幡，這五色旗上印有經文的藍、白、紅、黃、綠五種顏色布塊組成的，藏族認為它們所要誦朗的經文可隨風吹到天上，祈求天地平安。 藏族隊員也用冰磧石事先搭起的一個方形的祭台「煨桑台」，而「煨桑」的過程是桑珠隊長與次仁多吉攀

▲ 在 ABC 架設五色經幡旗

登隊長帶領，先將松柏樹枝與香草放在煨桑台點燃，火燒起後再將青稞麵粉、酥油、曲拉（打奶茶後留下的奶渣子）與白糖等物品放在松柏樹枝與香草堆上燃燒，然後撒上青稞酒讓其慢慢燃燒來祭神，過程中需要念誦祈禱的經文。 隨著延燒的火勢，一陣陣撲鼻的柏香、油香、與食物的香味就會在高山的清冷的空氣中慢慢地飄散，佛經上說，神靈是不食人間煙火的，但要是神靈聞到「桑煙」的香味就像赴宴一般會聞香而去，藏語稱其為「智薩」或是「食味」的意思。 最後所有藏族隊員列隊在煨桑台旁，向天上拋出五色經幡，祈求神靈保佑這次的攀登行動每位隊員都能平平安安的去，安安全全的回，並能順利的登頂。 任何登山隊伍中如有藏族隊員或是尼泊爾雪巴族隊員，在正式攀登前一定會舉行這種祭神祭天的儀式。

139

▲ 藏族隊員攀登前的祭山祈福儀式－**煨桑**

▲ 次仁多吉領導藏族隊員焚燒穀物、松柏枝等產生煙霧祭祀鬼神－**煙祭**

▲ 向天上拋出五色經幡祈求神靈保佑這次的攀登行動每位隊員都能平平安安的去回

儀式後，洛桑醫生對所有隊員量血壓聽呼吸心跳，與四診「望、聞、問、切」的健康檢查，雖然他沒有帶心電圖等的醫療設備，但他的高海拔山峰攀登醫療經驗是無人可比的，尤其是他已經擔任「西藏14 座 8,000 公尺以上高峰探險隊」的隨隊醫生多達 11 次，其中 10 次是成功登頂，這11 次攀登活動中沒有人有重大傷病，他是功不可沒的。 筆者的檢查結果為：血壓 120/ 80，心跳 84，心跳是高了一點因為剛才在海拔 5,000 公司高的冰河上洗完衣服，其他隊員只有次洛與謝江松血壓過高，而謝江松年紀較長所以需要被持續觀察。

▲ 洛桑醫生給每位攀登隊員把脈問診

電視隊的陳建鄂、吳俊龍與 3 位電視隊藏族協作在中午抵 ABC，但廖東坤沒有出現，桑珠與筆者詢問陳建鄂、吳俊龍、與3位電視隊藏族協作有關廖東坤可能的行蹤，得到的答案是廖東坤走在最後面，並且沒有人注意他行走的方向，攀登隊員馬上開會做出兩種判斷，一種可能是廖東坤是在 D2 與 ABC 間的一個冰河匯流口往東走向東喬戈里冰河去了，而沒有向南走到「喀拉崑崙大道」，因為該匯流口

▲ 在美國隊指揮帳內舉行第一次合作攀登會議前互相介紹認識

▲ 桑珠隊長與筆者贈本隊隊員簽名隊旗給美國隊長

的地形較複雜，高高低低沒有很清晰的走向很容易走錯方向，而一種可能是廖東坤不小心掉落到匯流口的冰河裂隙中。 這回問題嚴重了，整個 ABC 緊張起來了，在海拔 4,700 公尺的冰河上迷路如果沒有及時被尋獲，這迷路的人是肯定會失溫送命的，更不用說掉入冰河裂隙。 於是桑珠立即命令次洛帶領 3 位電視隊藏族協作攜帶無線電隊對講機、食物與睡袋由 ABC 狂奔去東喬戈里冰河，所幸藏族今早有做過祭神祭山儀式，天神保佑在下午 9 點 30 分次洛無線電報話告知在冰河匯流口找到廖東坤，他說他在冰河上一直向前走但是走不到 ABC，所以決定掉頭回 D2，就是這個明智的決定救了他自己。 他們為 4 位陪著廖東坤夜宿 D2，明早一同上 ABC，所幸這次活動的第一次危機是化險為夷平安收場。

明天攀登隊員就要出發往 C1，所以今天先將通訊與氧氣器材與隊旗分配給攀登隊員：

● 無線電隊對講機：加布、邊巴、小齊米、次洛、王金榮。
● ACeS 衛星手機：王金榮。
● 氧氣面罩：次仁多吉、加布、邊巴、王金榮、羅申、楊家聲。
● 氧氣管三通：次仁多吉、王金榮。
● 隊旗：次仁多吉、王金榮。

下午 6 點桑珠隊長與筆者拎了牦牛肉乾及禮品赴美國隊 ABC 召開第一次合作攀登會議，與會的各隊代表為：

美國隊：Jeff Alzner 隊長與 4 位隊職員 Gill James、Terry、Giger 與 Paul Teare。

日本隊：坂本正治隊長、與北村俊之副隊長。

兩岸隊：桑珠隊長、洛則、與筆者。

因開會成員只有筆者是中英文皆通，各隊間的討論時的翻譯與解說也由筆者來擔任，合作會議開始前各位先禮尚往來，如互相介紹，交換名片，贈本隊隊旗給美日兩隊隊長，與贈食品給美日兩隊，美日兩隊看到我們的來訪非常的興奮，彼此也

聊得很融洽，尤其是他們兩隊運補到ABC 的食物已有不足，收到本隊所贈送的食物時尤其是高興，這次本隊在規劃籌備十分完善，運補過程也相當的順利，因此無論是食物與裝備都很充裕，如能細心調度就無匱乏之慮，這是洽談合作攀登時一大籌碼，很容易取得合作的共識。目前美國隊的攀登速度神速，已經修好通往 C1 與 C2 的繩路，所以在

▲ 國際隊成員合照

會議開始時桑珠隊長就發言表達對美隊所完成修繩錄到 C2 的成果表達感謝，並且提出三隊共同使用物資與人力一起來完成登頂的目標，也承諾 C3 與 C4 的修繩路由本隊來做，並邀請美隊一起完成，日本隊則會提供攀登裝備，負責維護繩路，與物資的運補等工作，同時為統一溝通基準美隊要改用北京時間，美隊也在會中提到，有部分固定繩路的冰樁在下午會被太陽照到，可能因為冰軟化而鬆動。

集合 3 支隊伍的攀登裝備及器材，統計出 10,000 公尺登山繩、85 支螺旋冰樁、與超過 100 支的雪樁。 而 3 支隊伍的成員組成：

- 美國隊的成員為：隊長 Jeff Alzner，攀登隊員有 Paul Teare、Ivan Ramirez、Wayne Wallace、Gill James、John Heiprin、Jeff Rhoads、Mike Bearzi、Ziggy Emme、Drew Hansen、Fred Ziel、Shawn O' Fallon、Heidi Howkins、Jay Sieger 與 Greg Rirchie。 該隊伍中的 Paul Teare、Mike Bearzi 與 Fred Ziel 是分別領導 3 個攀登組，每個攀登組有 4 至 5 個隊員所組成。 文章前提過國國家地理雜誌電視台所派出兩位電視攝影師來的紀錄與報導這次的攀登，他們是 Jeff Rhoads 與 Greg Ritchie，他們也是攀登隊員之一。 隊中還有一位登山雜誌 MountainZone.com 的特派記者 John Heiprin。 該隊隊員海拔 8,000 公尺以上高峰的登頂次數為 4 次，但筆者手上並無完整登頂的資料。

- 日本隊的成員為：隊長坂本正治、副隊長北村俊之、隊員道家博司與傅山和志。 隊長坂本正治在 2000 年前已登頂珠穆朗瑪（8,848 公尺）、卓奧友（8,201 公尺）與洛子（8,516 公尺），副隊長北村俊之在 2000 年前已登頂布洛阿特（8,047 公尺）無氧縱走到布洛阿特中央峰（8,006 公尺）、迦舒爾布魯姆 I 北壁（8,068 公尺）、道拉吉理北稜（8,172 公尺）、南迦巴爾巴特（8,152 公尺）獨登、與卓奧友（8,201 公尺）獨登。 該隊隊員 8,000 公尺以上高峰的登頂次數為 9 次。

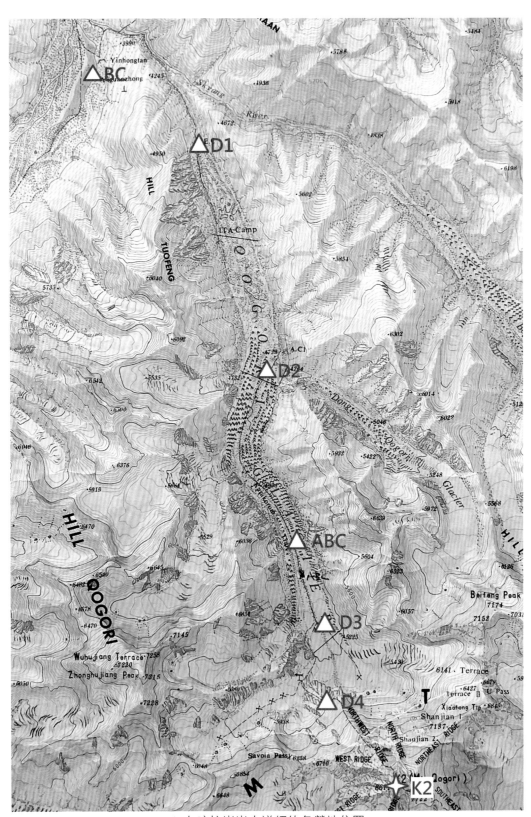

▲ 在喀拉崑崙大道紹的各營地位置

國際隊的成員為：隊長 Hector Ponce de Leon 墨西哥人、隊員 Andres Delgado 墨西哥人、Araceli Segarra 西班牙人與 Marty Schmid 紐西蘭人。 其中 Araceli Segarra 是西班牙女性是第一位登頂珠穆朗瑪峰（8,848 公尺）。該隊隊員 8,000 公尺以上高峰的登頂次數 12 次，但筆者手上並無完整登頂的資料。

▲ 筆者與 Araceli Segarra 合照，Araceli 是第一位西班牙女性登頂珠穆朗瑪峰的人

四隊中有 2 支花；一位是 Heidi Howkins，她 1996 年只用了 48 小時由迦舒爾布魯 II（8,034 公尺）的 BC 出發登頂成功，另一位是 Araceli Segarra，就可知道 2000 年在 K2 北面活動隊伍的 8,000 公尺以上高峰的攀登實力是有多麼強。

今年的所採取的攀登路線與以往的路線在 D4 與 C2 間是不同的，以往的攀登路線多是沿著北稜走，而今年由美國隊首先開路，他們採取由西北壁的冰河陡坡路線，這次攀登所設置的攀登攻擊營地的海拔高度如下：

● 攀登攻擊 1 營，C1— 6,100 公尺
● 攀登攻擊 2 營，C2— 6,800 公尺
● 攀登攻擊 3 營，C3— 7,500 公尺
● 攀登攻擊 4 營，C4— 7,950 公尺

2000 年攀登最高點

C3

C2

C1

◀ 實際攀登路線與高地營位置及海拔高度

6/29/2000 第一次攀登

今天的天氣是晴時多雲。 早上 7 點天還是暗著，運補隊 B 與 C 就出發前往 C1，其中 C 隊缺員 2 位；謝江松被雲登醫生留營觀察，次落在 D2 護送廖東坤到 ABC。 開路 A 組；次仁多吉、邊巴、加布、與洛則則在早上 9 點出發，但在中午 12 點次仁多吉無線電回報說他的雙重靴有問題冰爪會掉，加布說他的雙重靴裂掉，小齊米說他的雙重靴磨腳磨得很厲害，這些雙重靴都是在台灣採購的，這回又頭痛了，在 2000 年時台灣有代理與經銷雙重靴的商家很少，所以來源不多，且選擇性少，能一次有 12 雙庫存的商家更少，花了錢但用的人不滿意，最重要是會影響到攀登，筆者實在很沮喪，所幸藏族隊員也有攜帶他們自己的雙重靴可使用。 美國隊將 C1 建立在 K2 的西北壁 45 度冰河陡坡上的一個裂隙裡，營地面積狹窄只能容下 2 人高地帳的寬度，不巧的是本隊並無 2 人高地帳，所以無法在 C1 紮營，即使本隊有 2 人高地帳，該營地早已被美國隊與日本隊佔用了，也沒有空間讓本隊在紮下 1 頂營帳，本隊隊員只能將物資卸下後就返回 ABC，下面是各組隊員回到或來到 ABC 的時間：

- 下午 2 點 45 分 次仁多吉、邊巴扎西、加布、阿克布與洛則，來回 ABC 與 C1 用了 5 小時 45 分。
- 下午 3 點 羅申到 C1，因為單程用了 8 小時。
- 下午 3 點 廖東坤由次洛與一位藏族協作到。
- 下午 4 點 王金榮、謝祖盛、與楊家聲運補到 C1，因為單程用了 9 小時，王金榮無線電回報體力透支，這是必然會發生的，所有台灣登山者在過去從來沒有在海拔 5,800 公尺處負重攀登 45 度以上連續的冰雪壁多達 650 公尺高，而其間沒有一處可坐下休息，他們在下午 7 點 30 分回到 ABC，三位能 12 小時 30 分完成第一次運補工作真是難得。
- 下午 4 點 小齊米與拉巴回到 ABC，兩位負重運補來回 ABC 與 C1 用了 9 小時。

筆者在攀登珠穆朗瑪時，發現藏族登山隊員在高海拔山區的攀登速度是生活在海平面的台灣登山隊員 1.5 到 3 倍，在這一次運補又證實了這種速度比率。 在攀登 8,000 公尺以上高峰時，各隊員的攀登速度在規劃攀登與運補任務時要非常嚴肅的被考量，如沒有妥當的規劃與執行是會要人命的。

　　2020 年春季，美國國家地理雜誌派出一支隊伍到珠穆朗瑪的東北攀登路線作探查。 他們的任務是去探查是否能找到英國登山家 Mallory and Irvine 在 1924 年 6 月 8 日有首登珠穆朗瑪的證據。 Mallory 和 Irvine 清晨離開了他們的海拔 8,200 公尺的 C6 營地向峰頂前進，他們的隊友 Odell 在他的日記中寫道，下午 12 點 50 分時他在 C6 位置看見 Mallory 與 Irvine 接近第二台階，這是他最後一次看到這兩個人，Mallory 的遺體是在 1999 年被一支探查隊找到，他們中的任何一位是否登頂

▲ 攀登隊員第一次攀登行動在天色未亮前出發前合影

▲ 攀登隊員由 D4 向 C1 攀登

珠穆朗瑪，仍然是一直困擾了世界登山界。 這支探查隊在海拔 8,300 公尺建立一個探查營，他們用了三天時間沿著 Mallory 和 Irvine 的攀登路線尋找是否兩人有越過第二台階的證據，因為如果 Mallory 和 Irvine 越過第二台階就代表登頂的機率是95%。 但是這支探查隊並沒有在第二台階的周圍區域找到任何證據，筆者為何要

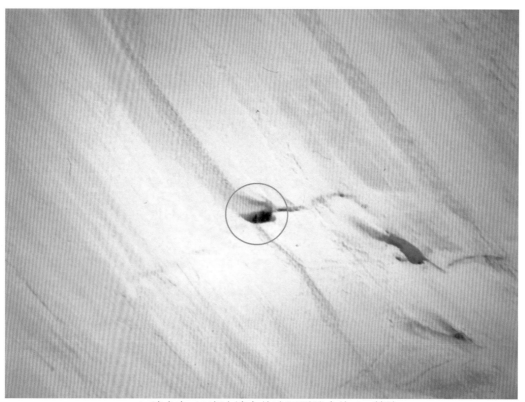

▲ 建立在 45 度冰坡上的冰河裂隙中的 C1 營地

▲ 在冰河裂隙中 C1 營地所紮的高地帳

寫這一段故事呢？ 因為這支探查隊在這活動的同時，也有 100 多人的來自不同的商業攀登隊伍出發攻頂，但這麼多人要通過第二台階是一定會塞車，一塞車就會有凍傷或死亡，因為氧氣瓶內氧氣被用完後，人體無足夠氧來產生熱能，塞車身體沒有運動也會快速失溫，加上稜線上無躲強風之處會使人體嚴重失溫，如果到了太陽下山前還不能下第二台階，死亡是必然的。 當晚無線電求救的呼聲不斷，但是沒有人「有能力」去營救，這是 8,000 公尺以上高峰的殘酷事實。 當晚不幸有 4 人死亡，其中一位登頂者還是倒掛在第二台階的鋁梯邊，沒有力量將姿勢調整，掛在哪凍死的，沒有人「有能力」他解放下來。 到第二天要攻頂的攀登者，還是通過這鋁梯，但沒有人將他解放下來，這就是筆者前面提到「攀登 8,000 公尺以上高峰時，隊員攀登速度在規劃攀登與運補的任務時要非常嚴肅地被考量」，如沒有妥當的規劃與執行，肯是會要人命的，因為攀登時完全要靠攀登者自己，沒有人「有能力」去幫你或救你，如果不幸往生，大體就會永遠放在最後斷氣之處暴屍百年，沒有直升機，沒有山難救援隊。

過去一週 ACeS 衛星手機都能接通，除能每日活動近況送給勁報，使該報的 K2 行動日誌專欄能持續報導外，今天上午分別與李姐及曾曙生主席聯絡到，得以彙報活動進行狀況。

6/30/2000 大雪

今早下雪積雪 10 公分厚，吹北風，氣溫零下 5 度攝氏，且能見度只有 50 公尺。 原本計畫的攀登修繩路運補的計畫全部停止，K2 的山形如金字塔般，山形最小斜度不少於 45 度，由山基到峰頂無任何平緩之處，只要下大雪，所有的營帳都會被斜坡滑下來的雪埋沒，營帳外所放置的物資，沿著攀登路徑修建好的繩路，不是被滑下來的雪被埋掉就是被沖掉。 為了攀登隊員的生命安全，必須全部下撤到 ABC 來避風雪休整，只希望日前修好的繩路、紮好的營帳及背上去的裝備物資不要被報廢掉，但也只能等到天氣轉晴後，再次攀登時才會知道這次下雪所造成損失程度了。 自從 6 月 11 日天氣轉晴後一共有 18 天的連續好天氣，但是昨天第一次向 C1 行動，今天就天氣轉壞，真是運氣不佳，攀登 K2 北稜必須是在無下雪的日子才能行動，現在想起來如果這 18 天的連續沒下雪的好天氣是由 6 月 29 日開始，這次遠征肯定能成功登頂。 待在 ABC 的生活表面上似乎很鬆散，但事實上卻是忙碌充實的，隊員利用時間整理用在高地攀登的團體與個人的裝備，在吃的方面也能有營養與美味的餐點，可以補充身體能量，這就是「休整」。

下午 12 點 40 分黨小強來到 ABC。 今晚再下溼雪 10 公分厚，但無風。

▲ 自從 ABC 被建立後的第一次大雪

7/1/2000 大雪

　　今早下雪積雪 20 公分厚。 基地營老于來無線電報話說 BC 的天氣已經轉好，希望好天氣能往 ABC 移動，這樣子攀登的工作才能繼續。 大雪會將太陽電能板掩埋，雖然被雪掩埋太陽電能板可以被清除，但是如果是雲層厚的陰天或大霧天沒有直射的太陽，就無法發出有效的電能來充電，在 ABC 的用電設備有：電視隊的 SNG 系統、剪輯設備、海事衛星通訊器、25 瓦基地型無線電對講機、照明、與 如攝影機、ACeS 手機、筆電等等電池的充電。 因此 ABC 設置了兩組供電系統：汽油發電機提供 115 伏特交流電供電給 SNG 系統與剪輯設備用，太陽電能板提供直流電用來充 12 伏特車用蓄電池電，由該蓄電池可直接供電給基地型無線電對講機與燈具，接上逆變器就可將蓄電池 12 伏特直流電逆變成 115 伏特交流電，可用來供電給海事衛星通訊器，與各類電池的充電。 但受天候影響太陽電能板無法有效充蓄電池時，原定

▲ 筆者清理太陽電能板的表面積雪

每天早上 9 點到晚上 9 點啟開的基地型無線電對講機，就要改成以每小時正點時啟開 10 分鐘，以減少用電與維持通訊的暢通。 下午 8 點多天氣轉好，高空吹西風，「喀拉崑崙大道」吹微風，K2 露臉了，隊員就出營帳透個氣伸個懶腰，攀登隊員與電視隊員分成兩組，開始打起雪仗，對於長年居住在四季如夏的台灣與香港隊員是很稀罕的經驗，雖然大夥都是成年人，但在玩起雪球大戰時還是像小孩一樣地盡興，唯一不同是海拔 5,000 公尺高地打雪球戰是會很喘的，楊家聲甚至被打倒在冰磧石上求饒。

7/2/2000 雪

今早還是在下雪。 老于無線電報話說 BC 在下雨，在 ABC 修整吧！ K2 的積雪很厚，在 45 度以上坡度雪很容易因為輕微的外力而整個山坡的雪滑落下來，雖然這滑落還不算是雪崩，但是會將人推下山而死亡，為了隊員的安全還是要在停止下雪後，讓讓新下過的雪層經過 2 至 3 天的沉澱壓實，在經過幾晚的凍結，使該雪層變成紮實後才有利於安全的攀登。

筆者將用數位照相機所拍攝的兩張數位照片，透過筆電連接用 ACeS 衛星手機通過同步衛星以數據傳輸方式將傳給勁報劉美芬，其中一張照片於 7 月 4 日在勁報被刊登出，這可能又創了當時衛星手機紀錄的通訊紀錄吧？ 我不確定當時的第一代的銥衛星（Iridium）是不是已經能做數據傳輸，但在 2000 年人類已經能用手持式的衛星手機，將照片以數據傳輸方式由邊疆的邊疆裡海拔 7,000 至 8,000 公尺群峰圍繞的山谷中送到世界任何一角落，雖然一張 80Kb 的照片要用 30 秒來傳輸，但這應該是的世界紀錄吧？ 這次數據傳輸比較 20 年後 5G 手機在 10 秒鐘之內可下載一部 3Gb 電影當然是顯得古老、原始與緩慢，因為傳輸速度只有 5G 的 10 萬分之一，但是沒有那些看來古老原始與緩慢的突破，哪會有今日的進步呢？ 為了 BC 也能有 ACeS 衛星手機，能便利對外聯絡，我將一具手機裝上 SIM 卡交給黨小強帶到 BC，但是交代他要登記通訊的時間與撥打的電話號碼以防止濫用。

太陽在下午又露臉，美國隊 Wayne Wallace 來訪請我們不要再 ABC 殺羊，不

▲ 雪！

知道他是否有見血會不利於攀登活動的迷信，還是環保的考量，或是認為本隊太不文明？ 這幾天，美國隊經常來本隊 ABC 串門子聊天，可能是本隊的食物多又好吃吧？ 這要歸功於老于與黨小強在籌備物質時有周全的考慮，也要歸功於本隊有專任廚師，當然筆者要自己拍拍自己的肩膀，因為筆者籌到足夠的經費能購買充足的糧食。 日本隊也常來本隊 ABC 借打 ACeS 衛星電話，其中有一位日本隊員的妻子懷孕身懷六甲，他打衛星電話問候妻子與家中的狀況。 雖然登山界沒有作過已婚者與未婚者在攀登 8,000 公尺以上高峰活動的傷亡率研究，但是筆者能肯定的說已婚者的傷亡率比未婚者低，因為家中有牽掛，且有心上人，就不會作出「豁出去的決定」。 尤其是在空氣極為稀薄的高地，在極度寒冷與體力消耗下，腦筋的邏輯思考能力會變極度的差，所以常常看到登山者作出「豁出去的決定」後，不幸的喪命永遠獻身給高峰。 家中有牽掛或有心上人，會讓攀登者在做生死決定時能再三思，俗語說「留得青山在，不怕沒柴燒」與「山永遠在那，這次不能登頂，下次再來」是攀登高峰人士保命的智慧。

7/3/2000 雪，多雲，轉晴

由 6 月 1 日開始由台北出發轉轉到 6 月 13 日到了 BC，6 月 12 日就開始好天氣一直到 6 月 29 日第一次攀登行動，當天下午就下雪終止了攀登行動全員下撤 ABC 休整。 這一休整就是 4 天過去了，為了要讓過去幾天下的雪在斜坡上穩定紮實，還要在 ABC 繼續並消耗糧食，只能祈求老天不要讓我們休整太久，黨小強用 ACeS 衛星手機與請他的妻子與新疆氣象局連絡了解天氣狀況，才知道這壞天氣是籠罩著全疆，還會再持續 2 至 3 天，頓時心情變了低落。

連日來的大雪，用望遠鏡觀察日前美國與日本兩隊所修的繩路與高地營帳是乎全被雪掩埋了，必須等到下次攀登時才能實地勘查這次大雪所造成的影響，最壞的狀況就是繩路被雪沖掉營柱被雪壓斷，需要重新開始，但珍貴的攀登裝備與器材已經損失。 王金榮與楊家聲今天前往 D3 檢查營地狀況發現營帳的柱已被雪壓垮，D3 營地是建立在平坦的冰河上其營柱都被雪壓垮了，那麼高地營帳的的命運一定會是凶多吉少了，老天又丟個變化球要我們這些前線指揮員接球。

黃昏時 K2 露臉了，夕陽照在峰頂景色壯觀，高空無雲，但願好天氣趕快能來臨。

▲ 桑珠隊長在 ABC 用望遠鏡觀察北稜攀登路線的雪況

▲ 夕陽照在 K2 峰頂景色壯觀，高空無雲

7/4/2000 雪，多雲

本以為今天天氣會轉晴的，但是呢？？？

今天本隊行動是 4 位藏族協作由 D1 背了 4 桶 5 加侖汽油到 ABC，這汽油是電視隊發電機與大隊炊事用的燃料。

由台北傳來一件振奮人心的消息，有 8 位韓國隊攀登隊員，由巴基斯坦在 6 月 26 日與 6 月 30 日分別成功登頂，使登頂 K2

▲ 美國隊隊長 Jeff Alzne 在本隊 ABC 贈送美國隊隊旗

人數累積到 172 人。 該隊的運氣好，因為 6 月 12 日到 6 月 30 日正好是晴天，這消息激勵了本隊，大家都希望本隊也能有該隊的好運氣。

下午本隊邀請美國隊隊長 Jeff Alzne 來 ABC 午餐，主要的目的是商討明天要在本隊 ABC 召開的 4 隊合作攀登的會議的會議程序並達成共識，飯後 Jeff 贈送美國隊隊旗給本隊。

7/5/2000 雪，多雲，ABC 開國際合作攀登會議

▲ 美國隊與國際隊到本隊的 ABC 開合作攀登的會議

本希望今天天氣會轉晴的，但是還是失望了，繼續下雪。 早上再次請黨小強打衛星電話給她的妻子，請她與新疆氣象局連詢問未來一週的天氣預測。 下午 6 點黨小強無線電報話，新疆氣象局預測再過兩天就是晴天了，咦？ 2 天前不是説再過兩天就是晴天了嗎？ 事實上海拔 7,000 公尺以上的山群間，會有獨自小區域性的氣候，這種小區域性氣候不是一個地區氣象中心能準確預測的。

今天本隊行動有 2 位藏族協作由 ABC 背了 2 隻羊的羊肉、1 箱青菜、電視隊 20 支錄影帶與 1 個瓦斯調整器上到了 ABC。

下午 2 點美國隊與國際隊到本隊的 ABC 開合作攀登的會議，當然本隊也作為東道主也要招待客人享用熱騰騰的午餐，參加會議的人員為：

⬤ 美國隊 - Jeff Alzner、Fred Ziel、Heidi Howkins 與 Mike Bearzi。

⬤ 國際隊 - Hector Ponce de Leon。

⬤ 兩岸隊 - 桑珠、與筆者。

當然翻譯工作又由筆者承當了，先統計一下今年在 K2 北側的攀登隊伍的隊員其 8,000 公尺以上高峰的登頂次數多達 80 次，其中本隊 55 次、國際隊 12 次、日本隊 9 次、與美國隊 4 次。 會議中三隊共商後改變原先的登頂戰術與合作事宜，且達成以下共識：

1. 本隊建議所有隊伍都要能耐心等待新雪層穩定後，雪停後 3 至 4 天才進行攀登，以避免攀登造成雪塊鬆動引起整片雪面下滑或甚至引起雪崩危及自己與其他攀登中隊員的安全。

2. 在天氣轉晴開始新雪層穩定後，由美國隊與國際隊合作先上 C1，將位在斜 45 度冰河裂隙中的 C1 營地中的營帳與裝備由雪中挖出來，將營帳重新搭好，隔日美國隊與國際隊繼續向 C2 推進到上次修繩路的最後個定點，本隊 A 組會在該固定點與美隊員會合後將掛在該固定點的登山繩與攀登器材挖出，並建立 C2 營地，在 C1 營地。 由於 C1 完全被雪淹末，所以整個攀登計畫只先討論到 C2，未來則是各隊地修繩路的能力來決定由哪支隊伍來主導，其他隊全力地配合。 筆者在會議上提出四隊應該打破國界與隔閡，將所有攀登人力、裝備、與物資集合起來共同使用，一切以成功登頂安全歸來為大方針。 美國隊隊長 Jeff 隨既表示「如兩岸隊修繩路實力強請繼續向上修繩路不要顧忌到美國隊的行動，本隊的修繩路組隊員可使用該隊的雪樁、冰樁、鉤環與繩索等器材」，同樣的筆者也表達「美國隊如能超前本隊來修繩路，美國隊繩路組隊員也可使用我隊的雪樁、冰樁、鉤環與繩索等器材」。

3. 因為 C1 營地狹窄無法容下 4 人帳，所以美國隊與本隊交換營帳，美國隊交給本隊 2 頂 2 人高地帳供本隊隊員能在 C1 設立營地，而本隊交給美國隊 1 頂 4 人高地帳供美國隊隊員能在 C2 紮營，本隊 B 組則會運補物資到 C1 並架設 2 頂 2 人高地帳在 C1，在 C1、C2 與 C3 各隊使用自己設置的營帳，C4 與 C5 的營帳則可能共用。

4. 桑珠隊長表達「希望美國隊能耐心等候雪層穩定後再行動」，這是他多年率領與指揮攀登 8,000 以上高峰經驗的良心建議，因為筆者曾告知桑珠隊長有關美國隊食物準備有不足，且隊員來自四方有矛盾產生，該隊伍也許會急躁行動，由他的口中說出是「重如泰山」的，要是這話由筆者說出哪就是「輕如鴻毛」完全沒有公信力。

5. 訂立各隊的聯絡窗口、無線電頻率、和無線電開機時間：

    a. 美國隊窗口為 Jeff Alzner，無線電頻率為 145.00Mhz，2pm、4pm、6pm 與 8pm 開機 10 分鐘，7am 與 7pm 開機 1 小時。

b. 本隊窗口為筆者，無線電頻率為 144.50Mhz，9am 至 9pm 開機。

c. 國際隊無固定窗口，無線電頻率為 146.00Mhz，他們知道本隊與美國隊的開機時間，所以知道如何聯絡 2 隊。

6. 未來的修繩路工作大都會落在本隊與美國隊的肩上，按國際慣例如其他隊伍要使用繩路則要「使用者付費」的，但為了要展現地主隊的氣度將不會向日本隊與國際隊收費，而是與 2 隊達成以下的協議：

a. 必須等本隊與美國隊完成登頂後，他們才可展開攻頂行動，進度不得超越本隊與美國隊。

b. 協助運補與維護繩路的堪用。

c. 提供與運送雪椿、冰椿、鉤環、與繩索等器材到指定的地點，交給本隊或美國隊。

d. 如他們的行動所妨礙到本隊或美國隊的修繩路與運補，他們必須停止行動。

讀者一定會認為第 3 點共識好像本隊與美國隊有些霸道，大欺負小，但是在海拔 6,000 公尺以上斜度 45 度以上的冰雪岩地形攀登時，這是必須立下的規矩，先兵後禮，以避免在攀登過程中有誤會與衝突發生。 前面提到過美國隊員來自四方，有矛盾，小道消息是美國隊隊長 Jeff Alzner 可能會離開美國隊而去參加國際隊，Jeff 私下告設筆者美國隊在 C3 以上高度有修路能力的可能只有 4 位。 其實該隊員是來是四方，沒有長年一起登山培養出「九位好漢在一班」，可為戰友兩肋插刀的鐵桿情誼，所以在登山過程中，一定是會有大大小小的矛盾產生的，參加 8,000 公尺以上高峰的遠征活動，每位隊員要自己付出龐大的金錢、時間、與精力，還有凍傷與死亡的威脅，空氣稀薄，吃不飽穿不暖，邏輯思考能力變差，掛念家人，登頂的壓力，有些人是辭職來登山，種種種都會造成隊員中巨大的矛盾與壓力，隊員都是來自各路的登山好漢，誰都不服誰，如果隊長指揮不動隊員，產生無奈與沒力感是必然的。

電視隊有全程錄影這具有歷史意義的國際合作攀登會議，想一想在此之前世界上有哪一次電視攝影機所攝影的一群人中，擁有超過 80 次 8,000 公尺以上高峰的登頂的紀錄。

7/6/2000 晴午後下雪，冰攀示範

今早是晴天。 心情變好，筆者好像是在第一次熱戀中的女孩，心情是隨著男朋友的表現與態度的變化，而劇烈與迅速的起伏，筆者的心情就是隨著 K2 山區的氣候的變化而劇烈與迅速的起伏，過去一週真是難受。

早上接受電視隊的採訪，解說昨天在本隊 ABC 所舉行的國際合作攀登會議，隨後就趁著天氣還晴朗，教導電視隊隊員穿雙重登山鞋、冰爪與攀登用吊帶，學習如何使用鉤環、冰斧與冰錘，教導完畢後，就讓他們在 ABC 營地旁的冰塔學習冰攀，當然為了安全在冰塔上有做墜落確保。

▲ 在 ABC 旁的冰牆上示範冰攀

7/7/2000 霧，雪，多雲，建立D4

　　早上 8 點全體隊員出發運送物資到D4，行進過了海拔 5,209 公尺的 D3 不久就到了左右有兩條高山冰河支流的匯流口，在這就要向右轉，往西邊的高山冰河支流攀爬，這條冰河是由 K2 西北壁擠壓流下來的，所以等於一條冰河的幼年期，冰河的表面相當平整也無冰磯石，但是有很多小裂隙，這些裂隙被表面雪覆蓋著所以不會被目視到，由匯流口到 D4 行程有 2.5 公里，如在這條路徑上設立修路繩，那會用掉太多攀登用的繩索，但這條路徑是攀登與運補隊員來來往往上上下下用的大道，如沒有固定路徑或冰河裂隙警示標誌，隊員就會掉落入被大雪覆蓋裂隙中的可能，所幸美國隊在先前開路時，都有在路徑上插了指路黃色旗，在路徑上如有冰河裂隙，就在裂隙周圍插了紅色的警示旗，使得在整個活動期間都沒有隊員墜落到裂隙中的事故發生。 D4 營是位在 K2 山基的一個海拔 5,450 公尺的小山丘上，為何這營地要設在山丘上呢？ 因為下大雪時由 K2 西北壁滑下來的雪，或是雪崩下來的冰與雪不會將攀登器材及裝備、高地食物、氧氣瓶、與高地營帳等物資掩埋、毀損及甚至沖失，4 支隊伍都在這裡設立運補營地，也將最重要與珍貴的物資放在這，如這些物資被掩埋、毀損及甚至沖失，那 4 支隊伍就得別無選擇的提前打道回府，前功盡棄了。 國際隊今天攀登到了 C1，他們無線電報話證實我們的疑慮，美國隊設置在冰河裂隙的營帳全部被雪壓壞與破損，因為今天還在下雪所以與 Jeff 聯絡，明天還是在營休整，沒有想到這一休整已休整了8天。

▲ D3 至 D4 運補途中

　　電視隊陳建鄂隊長，趁桑珠隊長不在指揮帳來找筆者討論活動中所產生的矛盾，陳隊長抱怨，本隊不支持電視隊的工作，他舉出 4 個事件；第 1 個事件是電視隊的藏族協作是電視隊花錢雇的，但桑珠隊長直接指揮協作，第 2 個事件是邊巴扎西損壞了小攝影機，第 3 個事件是阿克布不願與洛則交換在攀登到 C1 途中所拍的影片，使電視隊沒有攀登到 C1 的影像可製作影帶傳送給 ERA 電視台，第 4 個事件是 A 組不願運送微波傳輸器到峰頂。 在 BC 時陳隊長曾與老于討論過，運送微波傳輸器到峰頂實況轉播登頂的任務，老于暗示私下給 A 組獎金，陳隊長威脅說如本隊無法能解決這些矛盾，他明天就要帶電視隊下撤不幹了，又是一件登高峰活動的矛盾需要處理。 筆者馬上找桑珠隊長來一起協調找出解決方案，桑珠與筆者首先鄭重表達「本隊絕無輕視或忽略電視隊」，TVBS／ERA 能派出隊伍來 K2 山區作創世之舉電視轉播，本隊極感光榮，也當全力支持電視轉播工作。 但事實是，攀登 K2 事異常艱難與危險，要求 A 組要開路架繩，同時要背微波器材，與沿路攝影錄像是不切實際的期望。 至今已有連續 8 天因天候不穩定而無法進行攀登，也壓縮了可攀登日期剩下不足 40 天，其中還要包含壞天候的週期，本隊登頂的任務，必定是愈來愈艱難了，又藏族協作隊員並無冰雪岩的攀登能力，無法協助電視隊作 D4 以上的攝影與轉播工作。 電視隊隊員則更不具有高海拔山峰的攀登攝影錄像能力，所以筆者建議改由台北的攀登隊員來支援電視隊，讓藏族攀登隊員專心在開

路與運補。 王金榮改加入 A 組負責背負微波傳輸器與攝影錄像工作，由 C4 到峰頂路段再交給 A 組藏族隊員背負到山頂，而原先交給王金榮的攝影機則交給楊家聲、謝祖盛、拉巴與小齊米來接力負責。 這種安排暫時將矛盾化解，領導的責任除了領導外，還要積極地化解矛盾來維護團隊合作來保證完成任務。

在 2000 年時雖然世界上有 15 億的華人，但具有高海拔冰雪岩攀登攝影錄像的人才是寥寥無幾。 這次美國隊就有 2 位美國國家地理電視台的這種人才，隨隊作該隊在高海拔冰雪岩攀登攝影錄像，記得在 2017 年 6 月 3 日美國攀岩者 Alex Honnold 以 3 小時 56 分鐘完成徒手無確保下攀登 Yosamite El Capitan 1,000 公尺高垂直岩壁，當然這種創世紀的攀岩過程，美國國家地理電視台是不會缺席，3 位岩攀攝影錄像專家：Jimmy Chin、Clair Popkin 與 Mikey Schaefer，他們都懸掛在 Yosamite El Capitan 岩壁上攝影 Alex 的攀岩過程，Jimmy Chin 的雙親在國共內戰時由大陸遷移到台灣，之後再移民到美國，Jimmy Chin 是在明尼蘇達州出生的。

今天 ACeS 衛星手機又不通。

▲ 隊員在 D4 整理物資與攀登器材後放在營帳中儲存

▲ 其他隊伍的攀登器材露天放置著在 D4

7/8/2000 下雪 10 公分厚

昨天國際隊整理 C1 的功夫又全浪費了，所有隊伍都心碎了，老天爺實在不賞臉。 今早 BC 與新疆氣象台再詢問天氣，回應是今晚天氣會轉好，不過這已是第三次類似的回應，感覺與「放羊孩子狼來了」的故事一樣，由於至今已有連續 9 天壞天候無法攀登，也壓縮了可攀登期剩下不到 40 天，再扣除讓雪層穩定所需的 3 至 4 天時間，實際只剩 35 天可作業，如果又遇到壞天氣可攀登日又要急遽減少，登頂的機會再一天天的流失。 其實這不只是本隊在頭痛，電視隊也在傷腦筋也很煩，ERA 電視台的節目表都已排出，本來預計是由 6 月 29 日後每天都能有攀登過程的畫面轉播，到 7 月底就可安排登頂時況轉播，現在壞天氣如此的連續，計畫大亂，在高山，天氣最大，人說的不算，只有天氣說的算。

今天 ACeS 衛星手機還是沒有訊號，不知道是地形還是天氣影響到或是 ACeS 內部問題？ 只有借用電視隊的海事衛星傳送新聞稿給勁報了。

▲ ACeS 衛星手機無訊號

7/9/2000 早吹強北風，午後多雲，晚上下雪 15 公分厚

一大早起床後出指揮帳後，發現了一支營柱被北強勁的北風吹垮，花了一陣功夫加強營繩的固定，在冰磧石上紮帆布營帳是無法打營釘來固定營繩的，所有營繩是要用綁載重量大的冰磧石，在海拔 5,000 公尺搬運重冰磧石時搞得氣喘如牛。

早上 BC 報話，BC 也是吹強北風並下雨。 今天 6 位藏族協作其中 3 位下 D1 去取汽油、與瓦斯等物資後，當日就運回 ABC，另外 3 位下 BC 去取大米、掛麵與副食品物等物資，隔日運輸回 ABC。 美國隊與日本隊仍有許多物資還存放在 D1，因此在這下雪而無法攀登的日子中，他們所雇用的巴基斯坦民工便全力展開運補，有幾位閒得發慌的美國隊員也一起運補，一來可充實他們在 ABC 的物資，二來可做高地適應與保持體能，三來可打發時間。 但美國隊隊長 Jeff Alzner 經過 ABC 下 D1 時抱怨給筆者說，他所領軍的隊員說他是美國隊的叛徒，看來美國隊內部的矛盾很大，也可能是他個人不好相處，在山上筆者沒有與他私人有的過招過，所以不清楚實際原因在哪？

年代 ERA 本計畫從 7 月 17 日起每晚在 ERA 新聞節目做現場直播攀登過程，但連續 10 天的壞天氣使攀登行動全部停頓，如在無好天氣來臨，那電視隊則有備案，先用由台北出發一路上所拍攝的片段，在 ABC 剪輯成新聞報導，用 SNG 在 ERA 新聞節目做現場直播，來避免節目開天窗的窘境，希望往後天氣速轉晴讓雪層穩定，如此 7 月 17 日才得做現場直播攀登過程。

日本隊員下午來串門子，一是想知道天氣預測，還有就是要借用 ACeS 衛星手機打電話回日本家中報安，當然本隊是好客的，會請他們在指揮帳內吃零食喝茶，日本坂本隊長告訴我們 1982 年的日本隊攀登到 C1 後就被壞天氣打下來回 ABC 休整，足足等了 22 天到了 7 月 14 日才重啟攀登行動。

既然今天 ACeS 衛星手機能通話，扎西次仁、雲登、阿克布、洛則、小齊米、次仁多吉與廖東坤都打電話回家中報安。

今晚又下了 15 公分厚的雪！無奈也！！

7/10/2000 多雲，沒有降雪

近來兩天山區中的高山冰河（Alpine Glacier）雪崩的厲害，不時的聽到雪崩的聲音，有些雪崩就發生在 ABC 兩旁的高山冰河，用望遠鏡則可以看到西北壁 C1 西側大雪崩景象，這證明了連續下雪造成新下的雪層極不穩定，高山冰河斜度大，新下的雪層如太累積太厚，如有無法穩固抓住舊的冰雪層，雪崩勢必會發生，在攀登時如遇到上方冰雪層崩塌，那是無生還的可能，這就是為何下雪停止後要等到 3 至 4 天才能再進行攀登的原因了！照片中的紅色圈就是海拔 5,450 公尺的山丘上 D4 的位置，這雪崩證明 D4 為何被設置在山丘上的正確選擇了。

筆者用望遠鏡觀察 C1 營地的狀況，C1 完全被新雪埋沒並封住了，肯定會損失許多裝備與物資，光光要將該營地由雪中挖出來就是巨大艱難與危險的工作，如雪況還不穩時去做挖掘的工作，很有可能人員會被埋沒而喪生，更不用說是要將裝備與物資挖出來，今後天的攀登是愈發困難了。事實上筆者還沒有聽過，有任何 8,000 公尺以上高峰的高地營，是設立在 45 度陡坡的冰河裂隙中，由此可見 K2 北稜的攀登路線是所有 8,000 公尺以上高峰的攀登路線中最艱難的。

今天發生了一件小插曲，「鹽」對我們城市人來說是不值錢的物品，但對這裡的牧民而言是極其珍貴的，黨小強無線電報話說「D1 與 D2 所放置的 3 袋鹽都長了腳，自己走掉了」，因此要求所有隊員「鹽」要隨身帶著。

今晚是晴空萬里，月亮伴著日落的 K2，美景無限，但我已不敢對明天的天氣有任何期望了。

▲ K2 西北壁 C1 營地旁發生大雪崩

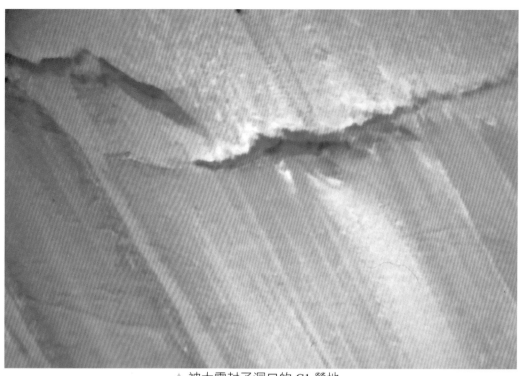

▲ 被大雪封了洞口的 C1 營地

▲ 今晚是晴空萬里，月亮伴著日落的 K2

7/11/2000 小雪，霧

連續 12 天下雪，無言並無奈！ 隊員只能整理營地與物資了，雲登醫生與杜小山等幾位隊員將金屬、塑膠等容器用石頭打平，好讓隊員下 BC 去作運補或休整時一起背下去，當有駝隊出山時這些無法用燃燒處理的廢棄物一起運離喬戈里山區。

▲ 雲登醫生等人將金屬、塑膠等容器用石頭打平

7/12/2000 多雲，午後小雪

今天的任務是赴 D4 營地測試電視轉播用微波，早上 10 點電視隊的 4 位隊員；陳建鄂、廖東坤、李「政委」、江正彥與 2 位藏族協作背負著微波器材前往 D4。 台北隊員王金榮、楊家聲、與筆者則負有由 D3 運補攀登器材到 D4 的任務，三人由 D3 營帳中取出 7 條登山繩、冰樁、岩樁、與鈎環一批運往 D4。 下午 1 點王金榮先抵達 D4 無線電回報説有 2 頂營帳被雪壓垮，其中 1 頂營帳的玻纖營柱被壓斷，更不可思議的是營帳內部居然有積水，可能是積雪受陽光照射融化所致的，太陽的熱能真是讓在海拔 5,500 公尺的位置上「朝穿棉襖午穿紗」，當然我們又是費了一些功夫將營帳整理恢復成應有的樣子。

▲ 電視隊陳建鄂隊長由 2 位藏族協作護送並背負微波器材前往 D4

165

　　C4 的海拔高度是 5,450 公尺，電視隊員們是身平第一次到達這個海拔高度，大夥一起合影留念。 微波設備架設好後測試傳影像回 ABC，留守在 ABC 的電視隊陳國勳無線電回報傳送的效果良好。 在這次攀登過程中，電視隊員是沒有能力跟隨著攀登隊員上上下下的，所以除了需要仰賴藏族攀登隊員幫忙拍攝攀登與登頂過程外，也需要王金榮在高地架設微波設備，

▲ D4 一頂營帳的玻纖營柱被大雪壓斷

這次測試是為了保證王金榮能熟悉微波設備的接法，當王金榮或其他登頂隊員將這微波設備背到各各轉播點時，可將攀登或登頂畫面即時傳輸到 ABC，再由 ABC 既時的將畫面由 SNG 同步衛星傳輸到在台北的 ERA 電視台對全世界作 K2 攀登與登頂的實況轉播。

　　由 D4 往下方看喬戈里冰河的中央源頭，其中有袋狀的冰河湖與冰磧石源頭，其景象很壯觀與獨特，為何在這海拔 5,200 公尺的冰河上，在平均溫度低於零下的環境下，水沒被結凍導致有湖水的存在呢？ 這需要研究冰河的專家來解惑了。

▲ 王金榮熟悉微波設備的接法後在 D4 與電視隊員合影

▲ 喬戈里冰河中央源頭，其中有袋狀的冰河湖與冰磧石源頭

7/13/2000 多雲

　　沒有想到在 ABC 休整一下就過了 15 天了，連續 17 天的好天氣後接著來連續 15 天無法做攀登的壞天氣，今年這裡的氣候是非常反常的，前面提過要由 K2 北稜成功登頂除攀登者本身能力外，最重要的是在於天候，登頂所需的天候條件必須是至少有 5 次的 5 天連續的好天候週期下才可能成功登頂的，心情非常沉重。

　　早上 10 點開攀登會議，與會的有桑珠、次仁多吉、王金榮、陳建鄂與筆者，桑珠隊長作了開場白「抓好並要把握好短暫的好天氣週期，全力完成登頂與電視實況轉播的任務，行動時要穩紮穩打，遇到好天氣時要穩定求快。」因為加布有疾，傷兵一員，不能參加攀登行動，所以 A、B、C 組需要重新編排為：

● 開路 A 組：次仁多吉、邊巴、拉巴、洛則與王金榮。

● 運補 B 組：羅申、小齊米、扎西次仁與 3 位電視隊藏族協作：小扎西次仁、巴桑塔曲、邊巴頓珠。

● 運補 C 組：次洛、謝祖盛、楊家聲、阿克布、1 位電視隊藏族協作。

計畫是在 7 月 14 日到 7 月 24 日間執行修繩路、運補與登頂的任務，這次攀登行動的中有幾項要點要抓好：

● 要將攀登器材固定在明顯處，好讓日本與其他隊伍幫忙運送到更高處。

● D4 到 C2 間要分 2 次運補，將高地食品與氧氣瓶上運，由於 D4 到 C2 間是最容易發生雪崩的路段，必須以「遇到好天氣時要穩定求快」的戰術將登頂用物資運送到 C2。

● 預計 7 月 19 日到 7 月 20 日間要通知電視隊可能登頂的日期，好讓電視台規劃登頂實況轉播的工作。

● 發冰雪岩攀登與雙重靴等裝備給 3 位賦予運物資補到 C2 任務的隊藏族協作。

美國隊 Ziggy Emme 下午 4 點來訪聊天提到 Paul Teare 所領導的小組並無 8,000 公尺的攀登經驗。 下午 6 點與 BC 聯絡，老于説新疆氣象局特別關心這次的攀登活動，將在主動在每隔 2 天用提供一次天氣預報給 BC，並預測 2 天後天氣會轉好。 與老于通完話後再與美國隊聯絡，告訴 Jeff Alzner 新疆氣象局預測 2 天後天氣會轉好，Jeff 回報明天 Paul Teare 領導的攀登組會上 C1。

今晚又放晴！實在搞不過這裡的天氣。

7/14/2000 BC 晴天， ABC 多雲有霧，各隊又動起來了

艱苦年代的主婦每天都在為「柴米油鹽醬醋茶」所煩惱，筆者在 ABC 現在的心情就像一位艱苦年代的主婦，每天都為「天氣、物資、士氣、行動、時間、病號、國際合作、等等」所煩惱，這本書實際上就是一本遠征攀登的 「柴米油鹽醬醋茶」的紀實。 有一部電影，片名是 The Martian，由 Matt Damon 主演一位太空人兼植物學家 Mark Watney，片中他與其他 5 位太空人被送到火星去探索，但在一次火星風暴中因風太強已將回程載人火箭吹傾斜，如果他們不馬上放棄探索任務搭乘回程載人火箭升空，一旦回程載人火箭倒下他們就會永遠被留置在火星，當糧食耗盡後就只能等待生命的結束。 但在撤離時，Mark Watney 不幸被暴風吹飛的碟型天線打中失去知覺與蹤影，而 Mark Watney 也因生命特徵探測儀故障而被認定已經死亡，任務指揮官因回程載人火箭過於傾斜而放棄搜索 Mark Watney，被迫下令發射升空。 但在組員升空後，隔日早晨 Mark Watney 被太空衣的警報聲吵醒，才發現自己被遺留在火星上，往後的日子，Mark Watney 用他的智慧一一克服火星上人類存活的難題；例如用自己的排泄物當肥料，混合火星地表土壤，用攜帶到火星的糧食中的生馬鈴薯作為根，種出糧食來，最後他被成功的救援回到地球。 後來他成為 NASA 新進太空人的教授，在第一堂課他告訴新進太空人「太空是艱難的，它

是不會向你妥協的，你要生存，你必須 do the math，一一克服與解決太空丟給你的變化球式的難題，當你克服與解決足夠的難題後，太空才會讓你回到地球。」同樣的海拔 8,000 公尺以上高峰也是艱難的，高山是不會向你妥協的，你想要登頂並安全與健康的回家，你必須「do the math」一一克服與解決高峰給你的變化球式的難題，當你克服與解決足夠的難題後，高峰才會讓你登頂或者讓你安全健康的回家。

近來 4 天的天氣很類似；清早有霧，雲層在海拔 7,000 公尺，午後太陽露臉，有時會下小雪，傍晚一定放晴，K2 全景伴著月亮與星星，午夜 2 點南方雲霧又起，有時會下小雪，老天爺真小氣，不大方的給我們幾天 24 小時穩定的晴天。

▲ 分本隊的 A、B1 與 B2 組由 ABC 出發到 D4，將夜宿 D4 明早上C1

今天所有的隊伍都出動了，早上 9 點美國隊 6 人與日本隊向 C1 前進，他們在中午就到達 C1 了，這代表由山基部到 C1 的繩路還健在，沒有被雪沖毀，下午 2 點左右但美國隊無線電報話說他們將唯一一支雪鏟給搞丟了，筆者回覆請他們用本隊放在 C1 的兩支雪鏟，國際合作！

下午 6 點 20 分本隊的 A、B1 與 B2 組由 ABC 出發到 D4，將夜宿 D4 明早上C1。

7/15/2000 ABC 下雪，C1 下 30 公分雪

早上 9 點美國隊 6 人為安全下撤 ABC，Jeff Alzner 無線電報話，請求筆者用望遠鏡觀察 D4 與 C1 間的雪況，他害怕雪崩會將下撤隊員沖下山，早上 9 點時桑珠隊長命本隊 3 支攀登組 A、B1 與 B2 暫時停留在 D4 待命，經過了 15 天在 ABC 的休整，才出發到 D4，還沒開始攀登就又要被老天爺打回票。 事實上從 7 月 4 日開始，新疆氣象局的天氣預測從未準過，尤其是前天預測今天會有好天氣，由筆者轉告所有隊伍，於是各隊決定用預測的好天氣向上攀登，但實際的天氣是下雪 30 公分厚，造成在 C1 的各隊隊員有被雪埋的危險。 筆者也諒解大區域的氣象預報，是無法預測海拔 7,000 至 8,000 公尺山區裡的局部氣候 microclimate，除非該地區是完全被壟罩在高氣壓氣團內，大區域的天氣預報才能被使用，不過筆者多次傳達新疆氣象局預測給各國際隊伍，但實際發生的天氣，卻是完全與預測相反，這讓本人的信用破產。

早上又下了 30 公分厚的雪，於是在上午 11 點 40 分，桑珠命所有隊員今晚再次在 D4 夜宿待命，明早視天氣狀況再決定是否是要下撤回 ABC。 如果是下撤，就要將 4 頂營帳中的兩頂拆解後收好，剩餘 2 頂用來存放物資，以免在下大雪時營帳又被壓壞，自從 6 月 29 日第一次攀登以來，攀登進度基本是「零」，但 16 天食物被消耗掉，許多的攀登裝備已被大雪損壞、沖走、或埋沒。 全員下撤後，下午天氣卻又轉晴了，What can I say！真是已生氣到無力！

筆者的筆電壞了，真是驗證了「福不雙至，禍不單行。」對了！ 該筆電是宏碁的產品，筆者雖沒能得到該企業的贊助，但筆者還是支持宏碁，自費所購買的宏碁筆電卻在最需要的時刻休克了，What can I say！ 回想到 1996 年由美回台創業，要買第一部汽車，當時為支持本土品牌汽車，就購買了一輛裕隆「飛羚」，但不幸的是該車問題多多。

7/16/2000 第一次電視實況轉播

連續 16 天無法攀登嚴重衝擊到所有隊伍的存糧，因為活動的天數勢必是要被延長的，這就會造成糧食的短缺，3 個隊伍都向本隊求救。 筆者考量地主身分與國際合作等因素後決定援助，於是聯絡老于，請他安排民工運送 2 隻羊的羊肉到 ABC，同時黨小強也會背 1 隻羊的羊肉、大蒜與其他糧食到 ABC 來，3 位藏族協作則被派下 BC 去背汽油上來。

上午 11 點 40 分，D4 待命的攀登隊員下撤到 ABC，What can I say！

▲ 王金榮與楊家聲以「馬蓋仙」MacGyver 的方法將蓄電池還生

太陽能充電系統出現問題，太陽電能板正常但是發出的電無法被充入蓄電池。這是個嚴重的問題，如果蓄電池失效，在夜間與陰天就無法做無線電通訊，這是會造成指揮與聯絡的缺口。 王金榮與楊家聲於是建議將蓄電池內的電解液由倒出來混合後再灌入蓄電池中，再接太陽電能板充電，結果是可充電了！ 土法煉鋼是管用，在邊疆的山區活動是沒有辦法要想出辦法來，要具備「馬蓋仙」MacGyver 的精神。

下午又起大風，將用來壓經旗的石頭由冰塔上吹下來將指揮帳的帆布砸裂，還好沒有砸到桑珠與筆者。

今天下午 6 至 8 點間發生了一次歷史紀錄，電視隊在 ABC 透過 SNG 有史以來做了第 1 次的電視實況轉播。

藏族攀登隊員加布因為身體有恙下 BC，本隊的攀登戰力損失了 15%。

7/17/2000 霧，大風，轉晴

一大早與在老于聯絡，他說 BC 的雲層是在掛在海拔 4,000 至 6,000 公尺間，所以 ABC 是在霧中，他也說高空在吹西風。

黨小強帶領著 2 位維族民工和 3 位藏族協作運補背了 3 隻羊的羊肉與 3 桶 5 加侖汽油，在下午到達 ABC。 其中 1.5 隻羊的羊肉是要分送給 3 支客隊的，送美國隊 1 隻，日本隊 1/4 隻，國際隊 1/4 隻。 維族民工的工資是 200 元人民幣。 由海拔 3,750 公尺的 BC 背一支羊走了兩天，先夜宿在 D2，第二天運補到海拔 4,900 公尺的 ABC 後當天再折返夜宿 D2，全程 34 公里，爬升 1,200 公尺，以開發國家的立場衡量，這工資真是難賺，但對這些生活在邊疆中的邊疆的人民而言，200 元人民幣在當時是一個不錯的收入，但遠征隊能給這些生活在邊疆中的邊疆的人民賺取一些外快可貼補家用的機會。

傍晚時與美日兩隊的隊長聯絡，日本隊說昨天上到了 C2 修護繩路，固定繩被 50 公分厚的冰雪層所埋沒，他們將繩從冰雪層下拉出來，發現所有的固定點還是健在的，這是好消息，說起來非常慚愧，本隊至今到達最高的點只是 C1，也還沒有修過任何的繩路，至今由 D4 到 C2 的生路都是美國隊與日本隊修的。

晚間 7 時，電視隊在 ABC 透過 SNG 做第 2 次的電視實況轉播。

7/18/2000 晴，高空吹強西南風

今早本隊決定再嘗試安排攀登行動，因加布無法攀登 A、B、C 組必須再重新編排為：

● 開路 A 組：仁多吉、邊巴扎西、洛則、小齊米、與王金榮。
● 運補 B 組：羅申、扎西次仁、次洛、小扎西次仁、與巴桑塔曲。
● 運補 C 組：楊家聲、謝祖盛、阿克布、拉巴、與邊巴頓珠。

3 組下午 3 點 30 分出發到 D4，全員在 5 點 30 分抵達，明日如天氣許可就向 C1 攀登。

ACeS Troy Dunn 來電通知在 7 月 21 日到 7 月 30 日要執行商運前的衛星測試，所以要停話 10 天。 筆者告知 Troy 請他們務必在 8 月 1 日恢復通話，因為 8 月初將會是登頂的時機，ACeS 手機必能通話才能在登頂時用該手機由峰頂對世界宣佈，這將又是一個歷史紀錄，也是 ACeS 公司贊助本次遠征攀登活動的重要公關重點。

今天美國隊 Ziggy Emme 與日本隊坂本正治來本隊 ABC 取羊肉，送完羊肉後本隊的羊還剩下 19 支，藏族有個習俗，即在攀登攻擊發起到登頂期間完全不能殺生，必須等到任務完成後才能宰羊慶祝，可憐的羊群。

7/19/2000 霧，雲層在海拔 5,800 至 7,000 公尺間

夜宿 D4 的攀登隊員們在清晨 4 點 30 分就起床了，但是 D4 又被霧所籠罩著，因能見度不佳只能持續待命了，直到了上午 11 點 15 分，天氣才轉晴可看到海拔 6,500 公尺處。 筆者於是建議桑珠隊長利用這好天氣空檔先做一次運補到 C1，但是他說筆者太急，沒有同意。 我的看法是，今年 K2 山區的天候是極端不穩定，不一定會有我們所期望的連續的好天氣週期，如果不能有彈性的做機動調整，利用短暫的好天氣來執行運補或修繩路，今年要登頂的機率是很低的。 事實上在這裏到晚上 10 點 30 分天色才會暗下來，所以今天還有 11 個小時的時間可進行有建設性運補，但是帶兵權不在筆者的手上，要依靠他人的力量來完成讓台北隊員能登頂的目標，現在看來是不知量力的，這時就覺得自己是個天真無邪與不知世事的「呆胞」，出錢但沒有話語權。 看看其他隊伍，不管是在 8,000 公尺以上高峰的攀登經驗，隊伍的人數與資源都無法與本隊相比較，但是他們已經到了 C2，而本隊至今還沒有超過 C1。 事實上今天日本隊 4 位隊員全部上到 C1，而本隊還在 D4 待命。老于說今年新疆的天氣相當反常，以前多是乾旱的天候，今年的北疆卻反常洪水泛濫成災，使得我們實在感到無力。

電視隊方面，今天本來是要在 D4 做 SNG 實況轉播，但台北的觀眾要求想看冰攀，改為實況轉播由謝祖聖示範冰攀。

7/20/2000 霧，雲層在海拔 5,800 至 7,000 公尺間，第二次攀登

今天是到駐進 K2 的 ABC 後，第一次所有隊伍都發動攻擊，本隊在早上 7 點 30 分由 D4 出發向 C1 攀登，國際隊也同時間經過 D4 往 C1 前進，他們計畫要清理由 C1 到 C2 間的繩路，下面是今天的行動過程，K2 北稜好久沒有這麼熱鬧，陳建鄂隊長説「今天像大年初一」：

09：30	邊巴扎西率先到達 C1。
09：51	AB 兩組除王金榮外全員到達 C1，王金榮較晚離開 D4，因為他被賦予拍攝攀登影像的任務。
10：30	A 組與國際隊攜帶技術攀登用器材與 500 公尺長的修路繩向 C2 出發，日本隊中兩員早先已離開 C1 向 C2 前進。
11：30	邊巴扎西通報能見度只有 100 公尺，有下雪也有流雪，但沒有危險，繼續往 C2 前進。
11：35	邊巴扎西通報山壁流雪很嚴重，為安全向下撤到岩石區等待。

12：10　　　王金榮抵達 C1。

12：45　　　B 組四人除羅申，都回到 D4。

12：50　　　王金榮與羅申離 C1。

14：10　　　王金榮與羅申抵 D4。

15：15　　　楊家聲攜帶錄影離 D4 往 ABC。

16：30　　　邊巴扎西到達美國隊所修繩錄的最後支點，能見度只有 50 公尺，無風，現有 9 位攀登者在行動：本隊 4 人，日本隊 2 人，與國際隊 3 人，到最後支點後 3 隊持續向 C2 修繩路，各隊輪流開路工作。

19：00　　　次仁多吉通報下大雪需要下撤到 D4，今天架的繩路只距離 C2 約 150 公尺。

21：00　　　邊巴扎西率先下撤到 D4。

22：10　　　次仁多吉、洛則、小齊米下撤到 D4。

　　先前提到過 C1 建立在 K2 的西北壁 45 度陡坡的一個冰河裂隙內，營地面積狹窄，且該營地早已被美國隊與日本隊佔用了，典型的先到先佔有，已沒有空間讓本隊在紮 1 頂營帳，所以 C1 營地對本隊而言只是一個運補中繼存放物資地點，而非可讓隊員夜宿或緊急避難的營地。 這種狀況在往後攀登行動中造成台北的隊員體力的極度透支，因為本隊向上行動時必須由海拔 5,450 公尺的 D4 直奔 6,800 公尺的 C2，且全部路線是 45 至 60 度的陡坡的冰雪地形，筆者給一個實際比較，1993 年海峽兩岸聯合登山珠穆朗瑪峰時，由珠穆朗瑪海拔 6,500 公尺的 ABC 攀登海拔 7,050 公尺的 C4 北坳營地，2 個地形類似，全部路線是 45 度以上陡坡的冰雪地形，海拔高度也類似，但唯一差別是， K2 的 D4 到 C2 有 1,350 公尺高的落差，該落差是珠穆朗瑪 ABC 到 C4 北坳營地的 2.5 倍。 攀登過北坳的台灣山友人數不少，就能體會由 K2 由 D4 直攀到 C2 的艱難。 筆者希望在 2020 年，台灣優秀的 8,000 公尺以上高峰的登山者，已經能夠在海拔 6,000 至 7,000 公尺全程是 45 度以上陡坡的冰雪地形中一口氣攀登 1,350 公尺的高度落差。

7/21/2000 晴

今天是從 6 月 29 日以來最好的天氣。

日本隊與國際隊上到 C2，美國隊上 C1，本隊因無 C1 營地只能停留在 D4。

今天又增加了 2 位病號；拉巴與扎西次仁，藏族攀登隊員的出生環境較差，加上成長時的營養、衛生、與醫療資源都很缺乏，導致他們的的身體健康狀況實在較差，且連年征戰，登山任務間沒有能好好休養，又隊員年齡都在 40 歲左右，長年在高海拔山區惡劣的環境中活動，大多有慢性的傷與病。連同先前掛病號的加布，原本 8 位攀登隊員的戰力現在只剩下 5 位了，大大的削弱了本隊的實力。

次仁多吉説，C1 至 C2 的路線對年輕沒有受過冰攀訓練的藏族協作是太難也太危險，況且在原先制定的任務中藏族電視隊協作並不負責 D4 以上的運補，現在因為有 3 位藏族攀登隊員掛病號，為了考量這次活動的任務需要與他們的生命安全，還是只賦予 D4 到 C1 的運補工作為較為洽當，沒有出征幾次攀登的隊伍又要再重組了：

● A 組 不作變動：次仁多吉、邊巴扎西、洛則、小齊米與王金榮。

● B 組：羅申、楊家聲與次洛。

● C 組：謝祖盛、阿克布、謝江松、邊巴頓珠、小扎西次仁與巴桑塔曲。

明天的天氣還是晴天則攀登計畫是 AB 兩組要上到 C2，快速將放在 C1 的物資運補到 C2，建立營地，並夜宿 C2，C 組則是進駐 D4。

這樣的安排是以登頂為考量，但卻相對的剝削了電視隊的人力，陳建鄂隊長因此發飆了，指責藏族隊員不配合與不支援電視轉播。陳建鄂隊長發飆是有根據的，藏族協作是電視隊花錢雇用的，理當由他來指揮，如前面所指出 D4 以上的電視隊的攝影與轉播的工作要依靠藏族攀登隊員來執行，但是藏族攀登隊員並不願意在攀登中作攝影與轉播的工作，無奈之下我建議由王金榮擔負這工作，現在又有 3 位藏族攀登隊員掛病號，在考量攀登的需要將 3 位藏族協作移用為攀登運補，加上所有藏族攀登隊員與電視隊運補隊員，只服從桑珠隊長的指揮，讓他非常不滿，因為他無法執行攀登與登頂過程中的電視 SNG 時況轉播的任務，他對電視台與廣大的觀眾是無法交代。火上加油的是陳建鄂隊長他説話時常夾帶著三字經，並指責藏族攀登隊員在裝病，是否藏族攀登隊員是真生病還是裝病，筆者無證據所以無法作判定，但是他的行為造成電視隊與藏族緘默大的誤解與矛盾，也使他無法推動電視台賦予他的任務，這裡是人家的地盤，即使是多麼無奈氣憤與不滿，或是覺得自己是「呆胞」，也必須放軟身段才能成事。為此桑珠隊長緊急聯絡在 D4 的羅申、楊家聲、與王金榮，召回他們三位到 ABC 開會解決這個矛盾，當晚羅申、楊家聲、與王金榮回到 D4。

▲ 晴!!!!

　　藏族攀登隊員與電視隊協作隊員只服從桑珠隊長的指揮這是人之常情。 藏族隊員沒有受過漢族文化教育，在語言溝通上與漢族隊員是有隔閡的，加上無論是藏族攀登隊員或是電視隊協作隊員，他們的工作都是藏族自治區政府所指派的，而桑珠隊長是「西藏 14 座 8,000 公尺以上高峰探險隊」的隊長，被賦予登山工作的藏族怎麼敢不服從桑珠隊長的指揮，除非那個人不想在西藏幹登山探險的工作。

7/22/2000 晴，第三次攀登

今天天氣良好，A、B 與 C 組全體在早上 6 點 40 分由 D4 出發向 C1 前進，為了隊員的安全，今早筆者與美國隊協調如本隊隊員有使用 C1 美國隊營帳的緊急夜宿權，也同時請美國隊隊長 Jeff Alzner 到國際隊 ABC 去告知國際隊請他們將攀登技術器材在明日運到 C2。

今天的行動過程為：

08：25　邊巴扎西率先抵達 C1，其他藏族隊員隨後依序抵達。

10：10　王金榮到 C1，先前存放在 C1 的微波設備暫時向上運輸。

13：25　邊巴扎西率先抵達日本隊設置的最後固定點後，要開始向東橫切到北稜的露岩下建立 C2 營地。

14：30　邊巴扎西率先抵達 C2，其他藏族隊員隨後在陸續抵達。

15：15　邊巴扎西無線電回報在海拔 6800 公尺處選好營地後架設三頂高山帳。

15：30　美國隊 Paul Teare 與 Wayne Wallace 抵達 C2，本隊給了 Paul 修路繩與雪樁，他要向上修繩路到大岩石，藏族隊員開始下撤。

16：00　羅申抵達 C2。

16：50　王金榮體力不繼，今無法到 C2，將一條繩子與攝影機固定在雪坡上的固定點後下撤。

16：50　邊巴扎西無線電回報楊家聲還在雪坡，同樣是體力不繼，今無法到 C2，將營帳一頂與方便麵固定在雪坡上的固定點後下撤。

18：10　邊巴扎西率先回到 D4，其他藏族隊員隨後依序抵達。

20：00　楊家聲體力透支下撤緩慢抵 C1。

20：45　王金榮體力透支下撤緩慢抵 C1。

22：30　楊家聲抵 D4。

22：40　王金榮抵 D4。

45 度以上陡坡的冰雪地形登高 1,350 公尺的任務，把王與楊兩人給整慘了。

自 6 月 1 日由台北出發，整整過了 52 天，到今天才將 C2 營地建立起來，進度比原先計畫晚了 20 天。 建立好了 C2，下一部是將物資運補到 C2 後，需花上 2 至 3 日來打通與架繩前往 C3 的路，而由 C3 至 C4 間是岩石為主的地形，路線會更加複雜其難度甚高，也需要 2 至 3 日來打通架繩，這還是在天氣允許的狀況的計畫，懇求老天多多幫忙。

▲ 由 D4 往 C1 的攀登途中

▲ 由 C1 往 C2 的攀登途中

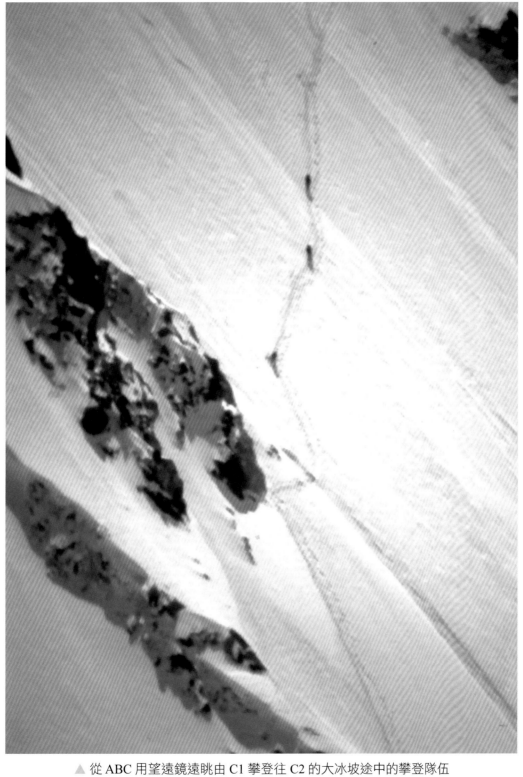

▲ 從 ABC 用望遠鏡遠眺由 C1 攀登往 C2 的大冰坡途中的攀登隊伍

由 C1 攀登往 C2 的大冰坡途中

▲ 從 ABC 用望遠鏡遠眺 C2 營地與所紮設的營帳

▲ 攀登隊員挖雪開闢 C2 營地

7/23/2000 晴霧，雪，雨

老天爺還是沒有聽到我的懇求，不幫忙。 今早起，ABC 與 D4 都在下雨，A、B 兩組只能待在 D4 躲雨，什麼？ 有沒有搞錯啊！是的「在躲雨」，無奈的在早上 11 點 20 分 A、B 兩組離開 D4 下撤 ABC，總結由 6 月 29 日來共有 24 天期間，基本上只作了 3 次的攀登，分別為 6 月 29 日、7 月 20 日與 7 月 22 日，而且都是只執行了 1 天隔日不是下大雪或是下雨使攀登中斷。

美國隊、日本隊與國際隊並無因天氣影響而停止攀登，Heidi Howkins、Gray Rirchie 與 Jeff Alzner 上到 C2，由望遠鏡觀察到他們在挖營地架設本隊給他們的 4 人帳，日本隊也上到 C2 設立營地。

新疆氣象局送來天氣預報說 7 月 23 日至 27 日雲雨氣候進入 K2 山區。 這個預報可能壓倒是導致這次活動不能成功登頂與電視轉播隊提早離開 K2 山區的一根稻草，因為這個預報讓桑珠隊長決定讓藏族與北京隊員全員下撤到 BC 休整，但實際上的天氣卻是 7 月 24 日晚至 31 日連續 7 天的晴天。

新疆氣象局的天氣預報在這次活動中的不準確造成嚴重阻力。

7/24/2000 早上下雨，中午下雪，傍晚轉晴

今天的工作是 C 組作運補物資到 C1，早上 7 點 40 分筆者帶領三位藏族協作邊巴頓珠、小扎西次仁與普布頓珠出發，謝祖盛隨後才出發，因為他要三催四請才起床，想必近來運補累壞了他，隊伍在 10 點 30 分抵達 D4，休息並調整個人的攀登裝備，美國隊昨天在 C2 設營的 3 位隊員也下撤到 D4，我們於 11 點開始向 C1 攀登，過程中下大雨，筆者的上昇器抓不住繩索，到了海拔 5,800 公尺決定下撤，所幸 3 位藏族協作將 9 瓶氧氣瓶送上的 C1。 筆者回到 ABC 後協調美國隊與國際隊儘快將 1,000 公尺的修路用繩上索運到 C2，這繩索是要被架設在 C2 至 C3 間，本隊還有重量輕的修路用繩索預備用在 C3 至 C4 間。

羅申在活動完畢後，在中國登協的山野雜誌中發表他對這次遠征活動使用裝備的看法是很「一針見血」的指出這次裝備上的缺失。 這次筆者在台北為遠征隊購置的冰爪是「卡式」，雖然穿脫很方便，但使用在 K2 的大冰坡與冰壁上就很不適合，因為只要隊員用力踢冰面，卡式冰瓜就會脫落，這不僅僅使隊員是攀登時耗費體力與時間在陡坡重穿冰爪是相當危險的，攀登這種地形應使用綑綁式冰爪。 還有購買的上昇器也不適用在這次雪坡與冰壁的攀登，這次購買的上昇器是短齒型的，短齒型適用於攀岩的 10 至 11mm 直徑繩索，但用 K2 的修路繩為減輕運補重量其繩索直徑多為 6 至 7mm，用在結組的繩索的直徑也只有 8mm，用短齒型上昇

器就很不適合，因為該上昇器咬不住表面結有薄冰的繩索，以致在攀登時起不了制動與確保的作用。 這種攀登狀況應使用長齒型的上昇器，筆者隨然有冰雪岩的攀登知識與經驗，但其知識與經驗還是不足的，以致購買了不適合的攀登器材。

應氣象預測在 7 月 23 日至 27 日雲雨氣候壟罩 K2 山區，桑珠與次仁多吉決定讓藏族與北京隊員全員明天下撤到 BC 休整，陳建鄂知道這決定時他的反彈是巨大的，因為這個決定等於判這次電視轉播任務一個死刑，行前所計畫與預定的電視轉播節目會播不成了，他當然會發飆，這是可理解的。 但是 8,000 公尺以上高峰的攀登本來就是變數何其多，如天不時，人又不合，基本上原先所計畫的目標，就什麼都完成不了。

7/25/2000 晴

一大早是大晴天。 因新疆氣象局的預測、桑珠隊長還是決定讓藏族與北京隊員全員下撤到 BC 休整，我一再嘗試說服桑珠不要下撤，但是雖身為「所謂」的隊長，是這次遠征活動的出資者，擁有企業的管理與經營的能力與經驗，也是擁有冰雪岩攀登能力與經驗的登山者，同時因飛行具有氣象的判讀能力，具有這種資歷與條件的人所提出的意見應該有可取之處吧？ 但在山上，幹武的不會去理幹文的，藏族與北京隊員是不會聽我指揮與建議。 在早上 9 點 30 分藏族攀登隊員、北京攀登隊員、4 位藏族協作、與謝祖盛往 BC 出發，而留在 ABC 有桑珠、王金榮、楊家聲、謝江松、6 位電視隊隊員、2 位藏族協作與小杜。

筆者早已感受到台北隊員心中的情緒不穩定，於是找王金榮來談談，由他的說詞發現他心裡很不平衡，他說藏族隊員沒有視台北隊員為一體，導致王金榮對藏族隊員產生很大的誤會，當然藏族隊員也沒做到敦親睦鄰，加上陳建鄂對藏族隊員也有極大的不滿，火上添油，使台北隊員對藏族隊員醞釀了更強的對立情緒。 王金榮說他是一位獨來獨往的人，當然也不善與人社交，所以這次筆者與他的對談，並沒有取得有正面的效果。 與王金榮談完後，筆者找楊家聲談話，想由他那獲得不同的觀點，楊家聲指出了問題的癥結所在，可歸納出 2 點：

1. 藏族隊員沒有視台北隊員為一體，尤其在 D4 夜宿時，在小小一個營地各生活各的，好像是陌生人，當然兩邊都是不善於社交與溝通更凸顯了矛盾。
2. 藏族間通話是用藏語，所以在溝通聯絡時，沒有主動以國語（普通話）通知台北隊員，使台北隊員在行動時不知當天任務為何，如任務有變動時，也沒有主動通知台北隊員，使台北隊員不知所以然，沒有團隊的合作，而對攀登失去信心。

其實上面所述的問題與矛盾，筆者在 1993 年海峽兩岸聯合登山珠穆朗瑪時就

深深的感受到，筆者認為這與雙方在族群、文化、語言、生活習慣、對同胞認知、對登山認知等等的差異所導致的。 首先，最基本的差異是兩邊隊員來自不同的族群，在解放軍入藏前，中國與西藏基本上是兩個國家，文化、語言、生活習慣都大大的不同，而對登山認知的差異那是更大了。 2000 年時台灣的登山者都是業餘的，登山是興趣，是要花自己的錢，是要找「志同道合」的人做朋友一起登山，而大陸的登 8,000 公尺以上高峰的登山者是政府給的職業，是「公務人員」，登山運動員是他們的職稱，登山是他們的任務與工作，是所得收入，不是休閒娛樂，因為賦予的任務關係，常要和不是「志同道合」的人一起登山，這就是差距。 這差距就是矛盾與誤解的起源，藏族與北京隊員來與你一起登山是他們的政府派給他們的任務，不是來和你做朋友的，攀登中不一定會互相幫忙的，台北與香港隊員登山時是希望像朋友般地互相扶持，在登山過程中與夥伴分享在登山時的甜、酸、苦、辣，所以台北與香港隊員如對藏族與北京隊員有這種期望是必定會失望與落空。

羅申在活動完畢後，在中國登協的山野雜誌中發表他對這次遠征活動隊員的組成是這麼寫的：「大陸隊員與台灣隊員的相互間不夠了解，大陸隊員沒有想到台灣隊員的高山活動能力如此弱，台灣隊員又高估了大陸隊員，認為他們可以輕鬆成承擔雙倍的工作量，雙方認知上的差異必然導致在登山過程中的不協調。 其次由於遠征隊員間的體能、思維方式、登山觀念等方面差異太大，因而在攀登過程中就很難做到步調一致。 」

筆者的分析是在指出「因」，而羅申的觀點是在述說「果」，一次短暫 3 個月的聯合登山活動就可以觀察到這麼多的很難拉近的差距，可想現在兩岸的政治差距是多麼難解的難題，真是有待兩岸領導者有智慧的去拉近兩岸的差距。

針對藏族隊員與台北隊員間的矛盾，筆者馬上要求桑珠隊長以下面的措施拉近差距：

1. 無線電通話時必須用普通話（國語）。
2. 當日攀登工作有改變時的聯絡管道為：由次仁多吉告知台北隊員，或由次仁多吉經過筆者轉達給台北隊員。
3. 請藏族隊員在生活上接納漢族的台北隊員。
4. 台北隊員一起行動，互相照顧，一營一營的向上推，不要跨營攀登，C3 以上的攀登用氧來保持體力。

ABC 主食嚴重不足，只剩一袋米與一袋麵粉，BC 主食也所剩不多，這也是部分隊員下撤的原因，黨小強帶著民工出山買糧食，現在正是克勒青河最高水位也是最川急的時期，希望他們仁與駱駝在渡河時能安全的通過。

7/26/2000 晴，連續第 2 天的好天氣，絕對不要再聽新疆氣象局的預報了

今天是 6 月 28 日以來天氣最好的的一天，但我們的攀登隊員在 BC 休整，絕對不要在聽信與使用新疆氣象局的預報了，沒有一次預報是準確的，3 支外國隊伍都在嘲笑新疆氣象局的預報，並運用這難得連續的好天氣向上攀登修路，爭取率先建立 C3 營地。 作為一位花了九牛二虎之力籌備、募款、出資、購買裝備讓這次遠征成行的人，卻沒有指揮的決定權，眼睜睜的看著好天氣但卻無法執行攀登，在 7 月 5 日國際會議本隊所做出領先修繩路的承諾，現在都成了國際笑話，因為現在他們在向 C3 修繩路，而本隊卻在 BC 休整，好諷刺的畫面。

C3 營地狹小，如本隊不能佔有一席之地來設置足夠營帳，那 C1 的窘境又要重覆，而這窘境是本隊自己指揮失當所造成的。 沒有在 C3 有足夠數量的營帳，台北隊員登頂的機會是「零」。 因為現在的狀況需要台北隊員跨越 C1 營作攀登，其路徑的難度遠超過台北隊員體力極限，跨 C1 攀登對藏族隊員是輕而易舉的，因為他們自出生與成長都是在近海拔 4,000 公尺的高原，海拔 7,000 公尺的高度對他們而言就像台北隊員在海拔 3,000 公尺以上的台灣中央山脈活動一般。 筆者由側面得知，大陸隊員在私底下卻有嘲笑台北隊員的體能，這實在很傷感情，因為其他三隊能夜宿 C1 所以不需要跨營攀登，筆者實在為本隊如果沒能在 C3 佔有一席感到非常的焦慮。

筆者建議桑珠機動調整修息時間，充分利用這連續的好天氣，但是沒有被接受。 台北隊員與陳建鄂都在質疑我身為一位所謂的「隊長」，完全沒有決定權，是夾心餅乾，沒有站在他們立場去爭取，使電視隊無法執行他們的攝影及轉播計畫。 而台北隊員在攀登過程中也沒有獲得任何成就感，王金榮心中對筆者有很大的誤解，不願意再與藏族一起登山，謝祖盛說筆者不夠「奸」與「圓」，謝江松同情我夾心餅乾的處境，陳建鄂可能是看不起筆者無法讓電視隊完成任務，這些人士連同筆者都是出資方，雖然出錢的不是最大，但是至少還是要給出資方一個尊重，可惜台北隊員都覺得自己是被視為「呆胞」。

下午 3 點李姐來電關心，筆者將隊中的矛盾與誤解告知，她勸說大家要以「包容心」來相處，筆者曾參與她領導的 1993 年海峽兩岸珠穆朗瑪聯合登山，筆者與她都對這種矛盾與誤解並不陌生，因為同樣的矛盾與誤解在 1993 年珠穆朗瑪聯合登山也發生過，筆者心裡有打過底。 但這次活動的所有台北隊員在過去沒有與藏族隊員一起攀登過，矛盾與誤解是必然的產物。 其實兩岸的關係現在走到這麼糟，原因之一是大陸方面缺乏「尊重」弱者的心態，「讓利」不等於「尊重」。弱者非自願的，其實就是看你被投胎的家庭，筆者在 1978 年 7 月由台灣赴美國留學，第一站是舊金山，出海關後由一位接機的柏克萊大學教授接到學校宿舍的途

中，沿途看到舊金山的美景、道路、房屋、建築、長吊橋、與當時世界上最先進的捷運「BART」，筆者感嘆的道出心中一個非常強烈的感受「為何老天這麼偏愛與眷顧美國」。

7/27/2000 晴，無風，連續第 3 天的好天氣

筆者還能說什麼呢？ 眼睜睜的看著能夠攀登的超好天氣一天天的流失。 陳建鄂問我 3 個問題：「為何沒能掌握天氣？ 藏族與北京隊員何時上來？ 如何解決台北隊員與藏族隊員之間的矛盾？」 花了這麼多的功夫與精力組織這隊伍，大隊人馬由台北風塵僕僕的浩浩蕩蕩的到了這裡，開始時大家心高彩烈的預想著有連續的好天氣，攀登隊員能順利的開路率先於其他外國隊伍開闢高地營，進而順利完成大家所盼望的登頂。 電視隊能依照計畫沿著攀登路線用微波實況傳回攀登過程的畫面，再經過 SNG 實況轉播，最後能創世紀的由 K2 峰頂用微波實況傳回登頂畫面到 ABC，再經過 SNG 向世界實況播放登頂畫面，這是多麼美好的過程與結果啊！

現在看起來這美好的願望全部要破滅了，不能行動，就如軍隊不打仗，內部問題與矛盾就多，留在 ABC 的台北隊員與電視隊均非常的煩躁，問題與矛盾就多，但沒有主動權下，只能順其自然，很無奈，強求也沒人理你。

前面提過台灣的登山者去登山是個人嗜好，登 8,000 公尺以上高峰的大陸或西藏的登山者是他們職業，這差距在兩邊的登山者對這次是否能登頂的心態會直接的表現出來。 台北隊員這一生可能只有這次的機會來攀登 K2，而且都是盡了九牛二虎之力才得以成行，所以得失心很重。 而藏族與北京隊員來攀登 K2 是他們組織派給他們的任務，是他們的職業，能夠登頂是很好的結果，但如沒能登頂，個人也沒有損失，反正這只是職業生涯上的一次過程而已，將來他們的組織還可能再派給他們攀登 K2 的任務。 藏族與北京隊員不可能體會台北攀登隊員與電視隊員的得失心，所以也不可能在登山活動期間會以「與夥伴一起登山的心態」來看待、瞭解、與對待台北隊員，他們的心理是認為台北隊員是來工作，幹嘛這麼認真。 20 年後的現在，大陸的登山者基本已都是業餘的，登山是興趣，是要花自己的錢，找「志同道合」的人做朋友一起登山，現在如果是大陸與台灣登山者一起組隊登 8,000 公尺以上高峰時，當年的矛盾與誤解也應該可能不會再發生。 而西藏登山現在已經轉為商業化，是學習尼泊爾的雪巴向登山客收費提供全套登山服務，現在外來登山客是他們的衣食父母，他們以服務客戶為收入的來源，當年的隔閡與誤解就不會發生了，因為「客戶是對的」，不同的時代背景會有不同的人際關係，沒有什麼誰是對或誰是錯的。

陳建鄂是火爆浪子計畫用 SNG 將這裡的狀況照實的 SNG 轉播出，幸好 TBVS 葛小姐來電阻止，要求陳建鄂報導時不要太尖銳，不要傷害到兩岸人民的感情，他們兩位也已意識到登頂的機率愈來愈低，在 D4 以上攀登行動得攝影，以及畫面用微波傳輸到 ABC 等等的工作基本已無法執行，所以也討論電視隊下撤。 他倆人討論完後陳建鄂就以無線電請老于安排下撤，但老于提醒提早下撤的危險性，現在的克勒青河正是最高水位河水最川急的時候，人員渡河必須坐在駱駝上，而水深會超過駱駝的肚子，由冰河融化下不久川急與冰冷的河水，有可能將駱駝帶著人一起沖走，人畜會因此而喪命，事實上這種意外就發生過，老于也請陳建鄂將提早下撤的危險轉達給 TBVS 葛小姐。

今天讓台北 3 位隊員王金榮、楊家聲與謝祖盛下撤 BC 休息並散心，它們早上 10 點離開 ABC，晚上 8 點 3 位隊員王金榮與楊家聲已經在 BC 營帳與大陸方面隊員在喝酒言歡了。

7/28/2000 晴，無風，連續第 4 天的好天氣

老于了解現在攀登進度、兩岸隊員的能力、與矛盾誤解後，以「于老闆」的角色以顧全大局的立場做出了以下的宣示：：

1. 堅決建立 5 個攻擊營，本隊 C3 營地必須被建立。 這是能否登頂的關鍵。

2. 一定要確保台北一位隊員登頂。

3. 掛病號的加布與拉巴表示要參加運輸工作，台北隊員不需做運輸與修路工作。

4. C3 開始夜間用氧，C3 以上行進中間接用氧。

5. 電視隊的拍攝任務由大陸方面隊員來執行，大陸方面隊員也在 BC 表示願意承擔這任務。

6. 要確保登頂的電視實況轉播工作，這是本隊主要任務，這是難得的宣傳機會。

7. C1 至 C2 的運輸要選 2 位技術好的藏族協作來執行，要與隊伍走在一起，不要單獨行動。

8. 所有工作要「穩扎穩打」。

9. 兩隊隊長隊登頂要有信心，要有登頂的決心，次仁多吉與邊巴扎西表示有信心成功登頂。

10. 電視隊陳建鄂隊長要忍耐，要考慮攀登隊員有生命上的壓力。

11. 所有隊員要合作創造登頂的條件，為激勵士氣，隊部不預先設定登頂隊員名單，如有能力的隊員都可以登頂。

老于就是位大器的宰相！ 早上 7 點大陸方面攀登與協作隊員由 BC 出發上 ABC，各隊員抵達 ABC 的時間為：

13：20　邊巴扎西、羅申、與四位藏族協作。

15：00　洛則、小齊米。

15：50　次洛、加布。

19：00　阿克布。

次仁多吉、拉巴與扎西次仁暫時留在 BC 休養，其中次仁多吉是淋巴發炎，扎西次仁前些日子在瑞士做攀登訓練時摔傷，現在頭還會痛。 王金榮、楊家聲與謝祖盛持續在 BC 休養。

下午 5 點 40 分時美國隊 Paul Teare 無線電通報，該隊隊長 Jeff Alzner、等與國際隊一共 8 位拿了 2 條繩向 C3 修路去，Paul 告知 C2 還有 5 至 6 條繩索，日本隊也帶上來 1 條本隊的繩索與他們自己的繩索，Paul 今晚要夜宿 C1，明早向上到 C3 並夜宿 C3。 下午 5 點 40 分時美國隊 Jeff Alzner 無線電通報 Mike Bearzi、Jay Sieger 與國際隊的 Marty Schmid 4 位開路與架繩路到了海拔 7,400 公尺高了，他們以用完所有的繩索，明天要開始用本隊的修路繩來開路。

如果新疆電視台的天氣預報準確，或即使預報不準但桑珠聽我勸 7 月 25 日不讓大陸方面隊員下撤 BC 而是向上開路架繩，今天 C4 甚至 C5 營地就應該建立好了，如往後的 3 天，29、30 與 31 日還是好天氣的，既代表在這 3 天中，本隊應可登頂。

7/29/2000 晴，無風，連續第 5 天的好天氣

因應未來的攀登工作與考量傷兵與病號，隊部作了第 5 次分組，藏族攀登隊員病號多，不得不將所有藏族電視隊協作全部投入運補工作：

● A 組：次仁多吉、邊巴扎西、洛則、加布。

● B 組：羅申、小齊米、次洛。

● 高協組：小扎西次仁、平措、邊巴頓珠。

● 低協組：普布頓珠、巴桑塔曲、小邊巴扎西。

其中高協組是負責 C1 至 C2 的運補，低協組是負責 D4 至 C1 的運補，台北隊員不再負責運補工作。 今天訂出未來的行動計劃：

● 王金榮、楊家聲、謝祖盛 — 定於 7 月 31 日由 BC 上 ABC。

● 次仁多吉—定於 7 月 30 日由 BC 上 ABC。

● 電視隊—定於 8 月 5 日開始下撤， 8 月 10 日結束轉播離開 ABC，8 月 15 日離開 BC 回台。

189

● 本隊下撤一定於 8 月 15 日民工上來 ABC 開始下運團體裝備。

今天的攀登行動需上運 12 條 50 公尺修路繩與 1 條 50 公尺主繩:

15:00　　B 組與低協作組由 D4 出發往 C1 運補。

20:30　　A 組出發往 D4。

21:10　　B 組與低協作組抵 C1。

7/30/2000 晴,無風,連續第 6 天的好天氣,XX新疆氣象台,第四次攀登

今天本隊的攀登行動為:

07:05　　A 組 邊巴扎西、洛則、加布、與 阿克布、謝江松由 D4 出發往 C1。

07:30　　B 組 羅申、小齊米、次洛由 D4 出發往 C1。

08:00　　次仁多吉、扎西次仁由 BC 出發往 ABC。

08:40　　A 組抵 C1。

12:30　　羅申抵 C2,謝江松抵 C1。

13:40　　邊巴扎西抵 C2。

15:20　　邊巴扎西在 C2 搭設完畢一頂營帳,A 組與 B 組夜宿 C2。

18:15　　次仁多吉、扎西次仁抵 ABC。

▲ 攀登隊員夜宿 C2

▲ 攀登隊員夜宿 C2 時使用 ACeS 衛星手機

　　由 6 月 16 日隊員第一次抵 ABC 至今整整 45 天本隊才夜宿 C2，百感交加！年輕的藏族協作是一馬當先的在作運補，沒有他們這次活動可以宣告收攤了，本隊至今已經是傷兵累累，今天的病號有：

● 小齊米：的腳被磨得厲害，鞋子的問題，明天會努力上 C3。

● 次仁多吉：淋巴發炎。

● 扎西次仁：頭部受傷未痊癒頭痛。

● 加布：內疾無法治癒。

● 阿克布：腳不行，無法再攀登。

● 拉巴：膽囊炎，BC 休息。

● 扎西次仁：胃痛。

● 巴桑塔曲：胃痛。

● 羅申：眼疾。

● 陳建鄂：感冒。

● 謝祖盛：眼疾。

　　高山的生活環境是非常惡劣的，加上每次攀登都會消耗體力，也常會受傷，在海拔 5,000 公尺以上長期生活是慢性死亡，海拔愈高則慢性死亡的速度是以幾何級數的加快，這麼多人掛病號不單是會使完成登頂的機率降低，隊伍的士氣備降低，往後的日子這種問題會越愈來愈嚴重。

7/31/2000 霧，無風， D4 下小雪，繼續攀登

連續好天氣結束了，但是本隊的攀登還是要繼續：

08：00　王金榮、楊家聲、謝祖盛、拉巴由 BC 出發向 ABC。

08：45　B 組：羅申、次洛 則由 C2 出發向 C3 運補。

09：00　A 組：邊巴扎西、洛則 由 C2 出發向 C3 攀登，但加布手痛下撤 D4。

09：00　高協作：小邊巴扎西、普布頓珠、由 C1 出發向 C2 運補。

10：00　與 BC 通話得知黨小強 7 月 29 日到了伊利克接到主食、蔬菜等物資，這些物資是搭順風車來的，車是美國 Fred Ziel 所雇用由葉城開過來的，駱駝也是一樣順路進山所以也搭了順風駱駝，美國隊共花了 $3000 美元，先前本隊敦親睦鄰由送吃又送羊有回報了。

13：00　次洛無線電報話—小邊巴扎西與他抵達 C2，上面霧很薄有時可看到藍天，普布隨後約 1 小時會到 C2，羅申左腳磨破全身痛。

13：20　邊巴扎西無線電報話—高空風很強，所以只能將物資運到距 C3 約 100 公尺，約海拔 7,400 公尺處。

13：30　平措、阿克布、加布、扎西次仁下到 ABC，將電視隊的微波、攝影機、電線等將給電視隊。

14：00　TVBS 大老闆邱復生下令電視隊下撤，後天離開 ABC。

14：40　邊巴扎西、洛則、羅申回到 C2。

15：30　次仁多吉、扎西次仁離 D4 往 C1。

15：55　邊巴頓珠、巴桑塔曲離 D4 往 C1。

16：00　ABC 開始下雨。

18：30　王金榮、楊家聲、謝祖盛、拉巴抵達 ABC。

22：00　開始下大雪。

今天還有日本隊 1 人與國際隊 1 人向 C3 運輸，但都沒有抵達海拔 7,500 公尺的 C3，我們白白的浪費了 5 天的好天氣，無奈也！

晚上，加布來到指揮帳向筆者說「對不起」，他身體不行了，內疾無法在山上治癒，加上手痛，喉嚨也痛，今天上 ABC 就是要當面說抱歉，明天下 BC，他的誠懇筆者心領了。 前面筆者提及過，藏族攀登隊員的出生環境較差，加上成長時的營養、衛生、與醫療資源都很缺乏，導致他們的的身體健康狀況實在較差，且連年征戰，登山任務間沒有能好好休養，又隊員年齡都在 40 歲左右，長年在高海拔山區惡劣的環境中活動，大多有慢性的傷與病，真是難為他了。

▲ 從 ABC 用望遠鏡遠眺由 C2 攀登往 C3 的大冰坡途中的攀登隊伍

▲ 由 C2 攀登往 C3 的 60 度斜度的大冰坡途中

攀登到海拔 7,400 公尺後下撤 C2

　　早上 11 點與李姐通話討論電視隊的問題，筆者也從李姐那大致了解 TVBS／ERA 內部的問題，李姐同時也要求與陳建鄂通話，希望請陳建鄂帶話給 TVBS 主管葛小姐，但陳建鄂拒絕與李姐通話，陳建鄂曾經在李姐所經營的頤倫影視任職過，我很訝異陳建鄂沒有考慮到當年的情誼？

8/1/2000 下大雪

　　昨晚下大雪 40 公分厚將電視隊放 SNG 設備的營帳壓垮了。 可能是老天給了旨意，好讓電視公司給廣大觀眾一個提早半途下撤正當理由，這樣陳建鄂與藏族間的矛盾與誤解就有下台階了，天意啊！

08：00　無線電聯絡 C1 與 C2，是惡劣的風雪霧的天候，全員在營待命。

15：00　扎西次仁由 C1 回到 ABC，筆者出帳迎接，他說在 D4 時頭暈，筆者說「對不起」，無法完成任務。

18：00　邊巴扎西 C2 無線電報話 C2 刮風下雪，A 組身體狀況還不錯，他自己有點胃痛，已有 2 個晚上沒有睡好了。

19：00　電視隊將昨晚放 SNG 設備的營帳被雪壓垮的影像 SNG 到台北，對廣大觀眾宣告提前終止 2000 年海峽兩岸 K2 聯合登山的轉播工作。

▲ 40 公分厚大雪將電視隊放 SNG 設備的營帳壓垮了

▲ 攀登隊員被大雪打回到 ABC 後的隔日又是大晴天

8/2/2000 晴

　　老天開了筆者與本隊伍一個天大的大玩笑！今天是大晴天，讀者會說晴天很好啊，趕快下令在 C2 待命的 A 組向上攀登建立 C3 營地啊？ 但是實際上是要全體撤 ABC，因為陽光一出來，45 度以上的山坡上的新雪層就會開始滑落，這麼厚這麼大片的雪如滑向 C2 營地，會將整個營帳埋掉，如果人在營帳內，則一定是活埋，如果向上攀登，大片厚雪滑落會將正在攀登的隊員由固定繩上衝下山，或是活埋，所以要全體馬上下撤 ABC：

09：00	次仁多吉率領小邊巴扎西、巴桑塔曲、普布頓珠、邊巴頓珠 離 C1 下撤 D4。
10：15	大扎西次仁、拉巴、阿克布、加布離 ABC 下撤 BC，等 ABC 撤營時在上來幫忙營。
10：40	邊巴扎西、羅申、小齊米、次洛、洛則離 C2 下撤 D4。
11：00	次仁多吉、小邊巴扎西、巴桑塔曲、普布頓珠 抵達 D4。
12：45	邊巴扎西率先 抵達 D4。

14：00　　　邊巴扎西率領 小邊巴扎西、巴桑塔曲、普布頓珠、邊巴頓珠 抵達 ABC。

15：00　　　次仁多吉、羅申、小齊米、次洛、洛則 抵達 ABC。

19：20　　　扎西次仁、拉巴、阿克布、加布 抵達 BC。

　　6 月進山區時本隊有 14 位攀登隊員與 6 位藏族協作隊員一起來到 ABC，現在有能力執行攀登運補的剩下 6 位攀登隊員與 6 位藏族協作隊員。 羅申在活動完畢後在中國登協的山野雜誌中發表他對攀登 K2 北稜的隊伍的建議，要選拔 4 至 6 位年輕有登山經驗與實力的登山者，經過半年的集中強化訓練，同時要準備一支由 6 至 8 位能在海拔 7,000 至 8,000 公尺高度運輸的協作隊伍。

　　老于無線電報話說有一支德國隊，一行 2 人今天到了 BC，5 頭駱駝在涉克勒青河時被沖掉 1 頭駱駝，這 2 人組曾在 1993、1995、1998 年嘗試來到 BC，但是都因為河水太深與川急而不得不折返，終於是有志者事竟成，他們在今年終於成功來到了 BC，明天他們計畫與民工帶著 160 公斤的物質要上來 ABC，筆者會在 ABC 歡迎他們的到臨。

8/3/2000 晴，連續第 2 天的好天氣，電視隊員離開 ABC

　　今天是來到 ABC 來最冷的一天，清晨溫度到了攝氏零下 12 度，在仲夏的季節是算非常的異常，在營帳內的毛巾都結成冰塊了，說今年 K2 山區的天氣反常實在不為過。

09：00　　　6 位電視隊員與 4 位協作離開 ABC 下撤到 BC。

12：30　　　黨小強率領一位駝工與 3 頭駱駝載著主食與蔬菜抵達 BC。

21：00　　　6 位電視隊員與 4 位協作抵達 BC。

　　美國隊 5 人，日本隊 3 人，國際隊 4 人上高地營，準備修 C3 營地後，再分成 2 組，第一組修 C3 到 C4 的繩路與 C4 營地，第 2 組由 C4 直接登頂，筆者很感慨，本隊的指揮結果是攀登時趕上壞天氣，下撤時卻是好天氣。

　　晚上與老于討論所剩不多的日子要如何規劃行程，他建議隊伍再休息幾天，筆者鑑於過去天氣紀錄與本隊老是「攀登時壞天氣下撤時好天氣」的指揮，而堅決反對再休息幾天，老于有點不悅，但時間與隊員的狀況已不在我，我必須堅持我的看法。

▲ 6 位電視隊員與 4 位協作離開 ABC 下撤到 BC

　　電視隊下撤後可使指揮任務單純化，但 4 位藏族協作陪同電視隊出山，原有能力執行向高地營攀登運補的藏族協作只剩下 2 位，人力嚴重的匱乏。 下午 6 點開最後一次攀登會議，參加的有桑珠、次仁多吉、羅申、王金榮與筆者，會議討論往後 3 天的攀登與運補規劃，羅申說他體力透支了，可能不能登頂，他真正很盡力，難為他了。

8/4/2000　晴，連續第 3 天的好天氣

　　今天在做一次努力全體隊員向上攻擊，這也是做後一次的攀登的機會，如果這次行動沒有成果，本隊伍就要離開 ABC 下撤到 BC 後出山回家了。 筆者早上 7 點 30 起床去各各隊員的營帳叫起床號，王金榮回應我「昨晚沒有睡如何起床」，想必他的心中有壓力或心理不平衡或對我有意見吧？ 昨天要他來開最後一次攀登會議時，他回了我「沒空」，今天馬上要行動，筆者就暫時不去計較，以大局為重，等到有機會再找其他 3 位台北隊員去瞭解王金榮的狀況後再想辦法緩和他的問題，王金榮雖然身為攀登隊長，但他先少與我主動溝通，可能是他獨來獨往的個性所致吧。

　　台北隊員前幾天才在 BC 休整，所以今天先出發由 ABC 運補物資到 C1，今天的行動摘要為：

08：30	昨天陪同電視隊下 BC 的 6 位藏族協作由 BC 出發運補米、麵粉、新鮮蔬菜上 ABC。
09：00	謝祖盛、楊家聲離 ABC 往 D4。
12：00	謝祖盛用無線電詢問與關心王金榮，他告訴筆者王金榮近來有極度的心事，很不專心，他還透露王金榮的母親身體不好，王常常私下哭泣。
12：05	謝祖盛、楊家聲離 D4 往 C1。
12：45	謝祖盛、楊家聲棄離攀登 C1。
13：30	謝祖盛、楊家聲回到 ABC。
19：30	次仁多吉、邊巴扎西、小齊米、次洛、洛則離 ABC 往 D4。
21：20	次仁多吉、邊巴扎西、小齊米、次洛、洛則抵達 D4，夜宿 D4。

　　5 年間每月由美國回台灣，開會，集訓，用心血組成的這支隊伍，結果卻是這麼的不堪，內心是糾結的，下午 4 點筆者與所有台北隊員懇談，讓每位隊員説出心裡的想法與感受，並讓隊員們發洩心中的壓力：

◉ 楊家聲表示：K2 太難了，在攀登時很沒有安全感，也不熟悉藏族隊員的運作方法，想家，出發前丟棄了許多客戶所以將來的收入大減，這裡 7 月的氣候糟，人被悶慌了，往後運補以兩人一組同行能相互有個照應。

◉ 謝祖盛説：母親生病，活動期間看到許多不詳的現象，沒有安全感、不快樂、想家、不想再登山。

◉ 王金榮道來：沒有安全感、想家，心中尚未調適好。

　　分析以上的情資，筆者能概括原因為 K2 北稜路線實在太艱難，遠遠超過台北隊員攀登能力，害怕、沒有安全感，7 月天候太糟，搞得大家心情與士氣低落，離家太久想家，憂慮回家後的收入來源，與藏族隊員間有隔閡與誤會，筆者的對策是不要再強求他們去做攀登了，順其自然，由他們自己決定如何走下一步。 次仁多吉安慰筆者説藏族隊員如阿克布、加布等也是有找藉口在退縮，每一支隊伍都有它的問題，每一位登山者都有他的個人困難，由第一位完成 14 座 8,000 公尺以上高峰登頂的華人對筆者説出這麼智慧的話，溫暖了筆者的內心。

8/5/2000 晴，連續第 4 天的好天氣，第五次攀登

08：20 　6 位藏族協作離 ABC 返回 BC。

08：25 　次仁多吉、邊巴扎西、小齊米、次洛、洛則離 D4 上 C2。

08：35 　王金榮、楊家聲離 ABC 上 D4，他倆出發前，筆者叮嚀王金榮要「安全第一」，而他回「登頂第一」，筆者請楊家聲注意王的心理狀況，要隨時回報。

09：40 　次仁多吉、邊巴扎西、小齊米、次洛、洛則抵達 C1。

10：00 　與老于用無線電討論各隊下撤的工作事務，如駱駝數量等等，電視隊於 8 月 15 日離開 BC，電視隊會僱用 15 頭駱駝由小柯陪同出山，6 位藏族協作留下來協助本隊往後的攀登，在這感謝陳建鄂隊長的大器。6 位藏族協作已連續兩日在 BC 與 ABC 間上下運補，太累了，今天在 BC 休息 1 天，美國隊與國際隊所採買的物資已抵達 BC，通知他們下 BC 取貨。 新疆氣象局預報，6 日與 7 日好氣而 8 日與 9 日下雪就讓我們拭目以待吧。

10：30 　日本隊 2 員向 C3 攀登，美國隊無行動。

12：00 　王金榮、楊家聲離 D4 上 C1。

13：20 　邊巴扎西率先抵達 C2。

14：00 　次仁多吉、小齊米、次洛、洛則陸續抵達 C2，今天 5 位上運 5 瓶氧氣、1 捲 6mm 修路繩、1 袋糌粑、與 3 個 Epi Gas 罐。

17：30 　王金榮、楊家聲抵達 C1，並夜宿 C1。

▲ C2 營地

▲ 攀登途中休息

8/6/2000　上午晴，連續第 5 天的好天氣，但下午天氣轉壞

08：35　楊家聲無線電報話說；昨天攀登累壞了，喉嚨痛，在 C1 休息一天。

次仁多吉、邊巴扎西、小齊米、次洛、洛則離 C2 上 C3，執行搭營

09：00　帳與運補工作。

日本隊有 1 員跟 A 組上 C3，美國隊與國際隊沒有行動。

王金榮無線電報話說；他無體力在向上攀登，心中非常的難過的在哭泣，筆者安慰他「登山不一定要登頂，我們的實力與攀登 K2 北

10：50　稜所需要的實力相差太遠，惡劣天氣將整個隊伍的身體與士氣都搞糟，最重要的是我們有盡力，在這次過程中學習到許多攀登 8,000公尺以上高峰的知識與經驗，現在要安全回家，才對得起妻兒」。

邊巴扎西抵達海拔 7500 公尺 C3，邊巴扎西還是率先的抵達的，他

12：30　的攀登速度驚人，在整個世界 15 億多華人應該沒有任何人在攀登高峰時能夠快過邊巴扎西。

12：50　王金榮、楊家聲由 C1 下撤回 ABC。

次仁多吉、小齊米、次洛、洛則 陸續抵達 C3，開始挖營地架設頂營帳，今天由 C2 運補上到 C3 的物資有：7 瓶氧氣、2 箱高地食品、

12：50　1 組套鍋、7 罐高山瓦斯、美國隊的 100 公尺主繩、6mm 的修路繩100 公尺長、1 頂高地營、岩樁與冰樁等。

雲層厚天氣開始變壞，ABC 的大氣壓力一直在下降，昨天是 565mb

14：50　，今天是 559mb，壞天氣比新疆氣象台的預測是提了早兩天。

15：15　日本隊由 C3 拿了兩條主繩向上修繩路

到海拔約 7650 公尺高處。

15：30　ABC 的大氣壓力下降到 557mb。

邊巴扎西無線電報話說 C3 營地的營帳不好架設，只架設的一頂，天

15：35　氣轉壞，為了安全需下撤 C2，小齊米腳痛須直接下撤 ABC。

王金榮、楊家聲抵達 ABC，由 C1 背回 3 瓶氧氣，王金榮到達 ABC時，桑珠與筆者出帳迎接，但他理都不理就進他的個人營帳，可能是心理不平衡，或是因為無法也無體力再向上攀登，所以將無奈與

18：00　怨氣怪罪於筆者吧？ 攀登 8,000 公尺以上高峰的過程中，不能如願的事務遠多於能如願的事務，有志攀登 8,000 公尺以上高峰的登山者要有這種心理準備。

21：20　小齊米抵達 ABC。

　　這次本隊遠征的攀登，全都慢半拍，新疆氣象局對 K2 山區的的氣象預測沒有一次是準確的，使有帶兵指揮權的桑珠隊長下錯了決定，例如新疆氣象局預報說 7 月 23 日至 27 日雲雨氣候進入 K2 山區，以致桑珠隊長讓藏族與北京的攀登隊員在 7 月 25 日全部下撤到 BC 休整。 雖然筆者再三勸說但還是無法讓他更改決定，當然他有他的考量，但是這次的下撤使本隊錯失了由 7 月 25 日至 30 日連續 6 天的大晴天，本隊是 7 月 30 日才開始向上攀登，但在 7 月 31 日僅僅 1 天在 C2 後就被大雪打回 ABC。 同樣的慢半拍也發生在 8 月 2 日至 8 月 6 日連續 5 天的大晴天，本隊是 8 月 5 日才開始向上攀登，但在 8 月 6 日抵達 C3 後就馬上因低氣壓氣團來到 K2 山區而為安全下撤 C2，結果是在 C2 被雪關在營帳 2 天不得已又下撤 ABC。 如果能妥善運用這 2 次連續的好天氣，以次仁多吉、邊巴扎西、小齊米、次洛、洛則的能力，在 8 月 2 日至 8 月 6 日之間登頂是絕對可能的。

◉ 無法有效運用好天氣週期，為登頂畫上了休止符。

◉ 新疆氣象局預報不準，判了這次活動的死刑。

　　當然有指揮帶兵權的人也要負這次失敗責任，對藏族隊員而言反正這次不能登頂 K2，也沒有關係，沒有損失，因為他們還是會以「西藏 14 座 8,000 公尺以上高峰探險隊」的角色在將來再去攀登 K2，而筆者作為一位盡了九牛二虎之力籌備、募款、出資、購買裝備讓這次遠征成行的人，希望在 2000 年能讓華人第一次站上 K2 峰頂，同時也能向世界實況轉播登頂過程，但我這熱誠的心願被不準確的天氣預報判了死刑。

C3 營地

由 C2 往 C3 超過 60 度斜度的大冰坡攀登途中

▲ 由 C2 往 C3 的 60 度斜度的大冰坡攀登途中

▲ 由 ABC 用望遠鏡眺望 C3 營地

8/7/2000 雪，霧

與 C1 美國隊聯絡詢問天氣，Ivan Ramires 告知是「有霧無風小飄雪」。

09：00　與 C2 聯絡詢問天氣，次仁多吉說「有霧無風小飄雪」。

09：30　美國隊報告德國隊兩人 Friz 與 Hans 準備向攀登 C1，美國隊告知德國隊不要使用我們四支隊伍所架設的繩路，筆者則立即告訴美國隊，德國隊沒有與本隊打過招呼並取得本隊的同意，所以依照使用者付費的原則，本隊與美國隊立場相同，美國隊瞭解本隊的立場後表示會與德國隊商議出一個付費金額。

與老于用無線電討論各工作事務：

● 首先是台北隊員全部放棄攀登，而王金榮要求先返回台北，我請老于安排。

● 大陸方面隊員在 C2 剩下 4 位。

● 電視隊的駱駝 8 月 13 日到 BC，8 月 15 日離開 BC 出山。

10：00　● 本隊由 ABC 下撤 BC 需要 2 至 3 位的民工與 6 位藏族，協作來下運物資，ABC 的大帆布帳、汽油桶、煤氣桶留給塔縣，食品則全部燒掉，物資要下運到 D1 喬戈里冰河舌部，20 頭駱駝會在 8 月 20 日到 BC，8 月 22 日離開 BC 出山，6 位藏族協作今天上來 ABC。

11：50	老于回報王金榮由喀什到北京的機票已被確認。
13：10	王金榮無線電陳建鄂隊長要求藏族協作幫忙下運他的個人裝備，但陳建鄂沒有接無線電，由吳俊龍轉達。
14：00	筆者對所有隊員宣布，因為 8 月 15 日前無民工與藏族協作可以幫忙運輸個人裝備，所以隊員必須自行下運個人裝備到 D1，王金榮認為筆者在為難他？
15：00	6 位藏族協作抵達 ABC。
17：50	與美國隊聯絡得知美國隊今天在 C3 整理營地，美國隊現有 5 位隊員在 C3。 而日本隊坂本正治、北村俊之與國際 Hector Ponce deLeon 一起向 C4 修繩路去了。 小齊米説，上回本 A 組到 C2 時，Heidi Howkins 時出帳來幫忙剷雪整平營地，Jay Sieger 則在旁觀望，本隊的回報則是幫後到 C2 的美國隊隊員整平營地。

8/8/2000 雪，霧

早上 10 點與老于聯絡通知他有 4 位隊員王金榮、謝祖盛、楊家聲、杜元衡下撤 BC，昨晚王金榮與洛桑雲登藏醫發生了爭吵，他將打火機打碎時碎片打到小齊米的臉上，王金榮已經情緒失控，可能是他花了這麼多精力與時間來攀登 K2，結果期望與事實差距太大，心中非常不平衡吧？ 最好的良藥是儘快離開山區回到台北的家中，所以筆者於是用 ACeS 電話與李姐聯絡，請購買王金榮北京到台北機票，讓他早幾天回到台北。 老于同時也建議隊伍分兩批下撤，以延長攀登行動時間並爭取登頂機會，請筆者與桑珠討論。

早上 C2 來報，國際隊的營帳被滑落的雪埋住，次仁多吉、邊巴扎西、次洛、洛則 4 人去營救，幸好沒有國際隊隊員被活埋。 國際隊的 Andres Delgado 説昨天日本隊由 C3 向上修了 300 公尺的繩路，而國際隊向上修了 50 公尺的繩路，就是代表到達了海拔 7,850 公尺的高度，已經看到海拔 7,950 公尺 C4 營地所在的老鷹巢（Eagle Nest）。

下午 1 點 15 分 C2 次仁多吉、邊巴扎西、次洛、洛則決定下撤 ABC，雖然筆者再三提出利害關係的分析給桑珠隊長，但他考量隊員安危還是維持下撤的決定，筆者無奈但也是要尊重他的決定，下午 5 點 25 分 4 人回到 ABC。 這次 4 隊全部下撤，想必是新雪層不穩定，隨時會大面積滑落，先前日本隊都是其他隊下撤時他們反而往上修路，這回日本隊也下撤就可印證新雪層非常不穩定。

▲海拔 7,950 公尺 C4 老鷹巢的位置

　　德國隊兩人 Friz 與 Hans 下午來到 ABC 討論取得使用繩路的許可，筆者安排明天與美國隊一起開會討論。

8/9/2000　多雲時晴，晚上晴時多雲

　　早上 10 點與老于聯絡，在無線電中老于說拉巴、扎西次仁、阿克布、加布等背了食物 BC 出發上 ABC，6 位藏族協作於上午 8 點 30 分已經由 ABC 出發將電視隊設備運下到 D2，在 D2 與拉巴、扎西次仁、阿克布、加布等物會合後再上來到 ABC，這 6 位藏族協作稍作休息後就馬上折返 D2 將剩餘的將電視隊設備下運到 D2，今晚夜宿 D2。 6 位藏族協作真是有戰力，他們未來一定會成為西藏登山重要的角色。 事實上，普布頓珠與邊巴頓珠在 2004 年 7 月 27 日與 5 位西藏 14 座 8,000 公尺高峰探險隊成員 次仁多吉、邊巴扎西、洛則、仁那、扎西次仁一起由巴基斯坦那一側的 Godwin Austen 冰河入山後，再沿著東南稜的路線登頂 K2，他們 7

人由BC 出發登 後返回 BC 全程用了不到 72 小時。 因為西藏 14 座 8,000 公尺高峰探險隊已經解散，筆者在撰寫這本紀實時沒能聯絡上次仁多吉，筆者真想由他的口中得知他對攀登北稜與東南的差異。

羅申在活動完畢後在中國登協的山野雜誌中發表他對攀登 K2 北稜的隊伍的建議，要選拔 4 至 6 位年輕有登山經驗與實力的登山者，經過半年的集中強化訓練，同時要組成一支有 6 至 8 位成員能在海拔七至 8,000 公尺高度的運輸協作的隊伍。 筆者認同羅申的建議，「西藏 14 座 8,000 公尺以上高峰探險隊」成員，連年征戰，登山任務間沒有能好好休養，又隊員年齡都在 40 歲左右，長年在高海拔山區惡劣的環境中活動，大多有慢性的傷與病，這次遠征具戰力的只剩下次仁多吉、邊巴扎西、洛則與小齊米等 4 人，筆者事後諸葛假設一下，如果這次 2000 年遠征隊伍的組成是西藏的次仁多吉、邊巴扎西、洛則、小齊米與北京的羅申、次洛組成 6 人的攀登隊，而高山協作隊是由 平措、扎西次仁（小）、普布頓珠、巴桑塔曲、邊巴頓珠、邊巴扎西（小）等 6 人所組成，且新疆氣象台對 K2 山區地預報是準確的，應該是絕對能登頂的。

拉巴、扎西次仁、阿克布、加布、小齊米等人與 1 位維族民工明天將自己的個人裝備與團體裝備下運 BC。

下午 2 點在本隊 ABC 討論德國隊兩人 Friz 與 Hans 取得繩路使用許可，這會議參加隊伍有美國隊、國際隊與本隊。 會中得知國際隊先前已支付過美元 $4,000 給美國隊取得 D4 至 C2 的繩路使用許可，至於德國隊兩人 Friz 與 Hans 的繩路使用許可是美元 $3,000 達成協議，這金額將由 4 隊平分，款項將先匯入美國隊隊長 Jeff Alzner 的銀行帳戶，等到活動結束後再由 Jeff Alzner 將 $750 匯給各隊。 但是筆者回美後與 Jeff Alzner 聯絡詢問款項事宜，他說他沒有錢匯給筆者，之後筆者並沒有繼續的追討，事情就不了了之。 但在 20 年後，筆者希望能以不同的角度與觀點來撰寫這本紀實，於是用簡訊與他連絡上，筆者告訴他，希望有機會請教他對當年攀登活動的看法，但是他只回一行簡訊「我很忙沒有時間」。 過了幾週後，筆者再去簡訊去問，筆者可以親自飛到 Oregon 州他的居所，拜訪並當面請教他，並沒有提到要討 $750 的欠款，結果他回一行簡訊「我很忙連 5 分鐘時間都沒有」。 筆者不知道，是筆者作人失敗，還是其他原因，但他的反應實在是異於常人，連基本的禮貌都沒有，當然也難怪當年該隊隊員對他不滿而排擠他，或者是他不想再碰觸 K2 這個話題吧。

各隊已經在計畫將活動延期，日本隊決定 1 人在 8 月 23 日離開 BC，其他 3 人在 8 月 31 日離開 BC。 日本隊不單用 ACeS 電話通告喀什登協的趙玲，也同時寫了一封信託本隊藏族協作帶下 BC 當面交給趙玲，美國隊也在討論延後出山中，今年 K2 的天氣搞得所有隊伍都人仰馬翻。

會後 MountainZone.com 記者 John Heiprin 詢問我有關藏族隊員的健康與實力，以及來自不同種族與不同地區的隊員在文化上是有不合？ 看樣子美國隊已觀察出本隊在開路上的貢獻，並不符合曾經登頂過 10 座 8,000 公尺以上高峰的隊伍應有的能力，另外的可能是本隊有隊員透漏給美國隊，有關來自不同種族與不同地區的隊員間有不合的信息。 筆者非常小心的以政客回答問題般的答覆，有家醜但是不可外揚，尤其該媒體是西方登山界中知名的 MountainZone.com。

8/10/2000 清晨下 10 公分厚雪，下午下雨

早上起床後發現下 10 公分厚的雪，昨晚就請時還可看到星星，看來今年登頂機會已渺茫。

早上 10 點與老于聯絡，老于告知由業餘氣象愛好者看雲圖預測 8 月中旬會有好天氣，8 月 10 至 12 日壞天氣，8 月 13 至 15 日好天氣，筆者就拭目以待了，連「于老闆」都不再使用新疆氣象局的天氣預報了，「于老闆」是北京隊員隊老于的尊稱。

早上 10 點 45 分，拉巴、扎西次仁、阿克布、加布、小齊米等 6 人揹著自己的個人裝備與一些團體裝備，同時攜帶了日本隊長給趙玲一封信，與 1 位維族民工背著 6 瓶氧氣離開 BC 往 ABC 前去，他們在下午 6 點到了 BC。

今早下的是溼雪，重量大，將 2 頂電視隊用的帆布營帳又被雪壓垮，隊員先將營帳大致扶正，等到晴天曬乾後再拆解收起來。 下午開始下雨，指揮帳內在我睡袋上方漏水，用營帳防水蠟止水，現在筆者已知道登頂機會渺茫，「屋漏偏峰連夜雨」來形容心情真是貼切。

老于也告知沙爾瀑拉格河的河水開始變少，意味的是駱駝涉水會安全許多，對電視隊出山是有利的。

8/11/2000 上午下 40 公分厚大雪，下午 5 點開始轉晴

早上起來小解時，看到沒有人住的 4 人營帳都被雪壓垮了，指揮帳也被壓了抬不起頭來，趕快將帳頂的雪打下來，不然也會被壓垮。 這不是一個氣候的小低潮，8 月 9 日高空吹西風，筆者以為天氣會轉好，沒有想到來了一個大雪，如果 C2 與 C3 遇到同樣的雪況，勢必所有營帳會被壓垮，甚至營柱會被壓斷，即使明天天氣馬上轉好，也須等待兩天時間讓新雪層穩定下來，這場雪可說是將五支隊伍的登頂畫上了休止符了。 即使延期 10 天撤出 ABC 等待下一輪連續好天氣，在 ABC 物資食物快用盡，人員疲憊，人力匱乏、士氣低落、高地營的營帳、食物、攀登器

材也是凶多吉少，繩路被埋沒甚至被雪層滑落時沖走，攀登與運補工作要重新再來一遍，這都使登頂機率變成非常的渺茫。 數萬美元價值的物資，這回都要永遠滯留在 K2 北稜與西北壁，也許數千年後這些裝備與器材會在冰河舌部出現，如果氣候暖化的速度不能被減緩，冰河會快速縮減或消失，這些裝備與器材將會提早出現。

▲ 40 公分厚大雪壓垮無人居住的帳篷

下午 5 點 K2 露臉，使用望遠鏡觀察高地營的狀況，只看到 C2 有 1 頂帳，其他各隊的營帳被埋在雪中至少有 6 頂，而 C3 也是只有 1 頂營帳露出，被埋在雪中的營帳至少有 3 頂，當然營帳的狀況是凶多吉少的。

6 位藏族協作完成電視隊的所有 SNG 設備與物資的至 D1 的運送工作，並於下午 6 點回到 BC 休息了，他們六位太棒了，good for them。

21：15 雲霧突然散開，看到 K2 的全部臉蛋，也看到晚霞，乞求老天給我們下撤前最後一次連續 6 至 7 天的好天氣。

8/12/2000 多雲時晴

上午美國隊隊長 Jeff Alzner 來無線電詢問本隊準備何時會出發向上攀登，筆者回應本隊的 K2 的攀登行動準則是大雪後讓雪層穩定 2 天後再出發，他不認同本隊的準則，他認為 1 天的穩定期就夠了，第 2 天上到 C2，第 3 天上到 C3，日本隊預計明天就上 C2。 筆者告知 Jeff Alzner 會與桑珠隊長討論後回覆本隊的決定，筆者將美國隊的看法轉告桑珠，並請他在作決定時要考慮到外國隊伍對藏族攀登隊員的看法。 西藏體委書記西珠朗杰用打 ACeS 電話指示桑珠，登頂其次，讓隊員安全回家是最重要的。 下午 2 點在 ABC 的成員 桑珠、羅申、次仁多吉、邊巴扎西、洛則、次洛、謝江松、洛桑醫生與筆者開會討論攀登的事項，聯合隊的 Marty Schmid 與美國隊的 Jay Sieger 來訪探聽本隊的意向，因為所有的隊伍除了本隊的北京與西藏的隊員外多為業餘登山者，如前面所提到業餘登山者的個人職業多與登山無關的，每次遠征時需要請假，甚至放棄現有的職業，離家數月，由自己的國度跋涉萬里，千辛萬苦轉轉來到這邊疆的邊疆，但今年 K2 山區氣候異常，搞的所有隊伍人仰馬翻。 現在所剩攀登時間不多了，所有外國隊伍與筆者都很焦慮，因為花了這

麼多的精力、時間、與金錢後是一事無成，無法登頂，敗興而歸，所以特別期望本隊的藏族隊員能一馬當先，快速將到 C4 的繩路修好，由 C4 發起對峰頂的攻擊。本隊開會時筆者一再的向桑珠隊長與藏族隊員強調外國隊伍隊本隊藏族隊員的期望，但是除筆者外本隊所有成員還是決定在 2 日後再出發。 桑珠隊長的決定沒有對與錯之分，因為每支隊伍的立場不同，本隊台北與香港隊員，與外國隊伍的隊員是一樣的，均為業餘登山者。 本隊北京與西藏的隊員為政府的雇員，也是政府聘雇的職業登山者。 業餘登山隊伍如這次沒有能登頂，這輩子可能再也沒有機會經由中國新疆經北稜登頂攀登 K2 了。 而北京與西藏的隊員可能再過幾年就會被組織賦予由中國新疆經北稜登頂攀登 K2 的任務。 這就是立場上差距，政府的公職人員或公務員很難了解到業餘登山者為登 8,000 公尺以上高峰所需要的付出，所以那種看到登頂機會將要消失是多麼焦慮、無奈、與急迫。 政府的公職人員或公務員不會也不需要有這種焦慮、無奈、與急迫，反正有登頂或沒登頂，薪水都照拿，如今年沒能登頂，過幾年還會有機會來攀登的。 桑珠隊長首要任務是必須保護他所領導的「西藏 14 座 8,000 公尺以上高峰探險隊」員的安危。 晚上與洛則、與洛桑醫生聊天，心情才好一些，感謝他們兩位。

近幾年西藏登山已經採取如尼泊爾雪巴的商業性質登山服務，許多外國的全方位登山服務公司已經與西藏的登山服務公司合作有一段時間了，業餘登山者想登西藏境內 8,000 公尺以上高峰時，可選擇如同由「經濟艙」到「特頭等艙」不同程度的全方位的服務。 如果你的財力許可，這些服務公司可提供個人裝備，全陪的一對一的高山嚮導，多名全陪的協作幫你運補與烹飪，登山者只要帶一支牙刷與強健的體能來到西藏即可。

8/13/2000 晴，轉雪，轉晴

連續兩晚的天氣都是夜間月亮露臉，但到了早上就開始吹強南風並下雪，只能嘆氣老天是在捉弄今年在 K2 北側的登山隊伍，真有「巧婦難為無米之炊」的無力感。

早上 10 點與老于通話，老于要筆者通知 4 支外國隊伍，如要延期出山，必須由該隊的隊長，直接與該隊的喀什登協隨同聯絡官面對面商議，不要經由本隊來處理延期事宜。 電視隊的 15 頭駱駝抵達 BC，其中一頭差點被克勒青河川急與冰冷的河水所沖走。

下午 7 點由西南一陣風，K2 又落入雲層的手中，隨後就開始飄雪，這樣的天氣已在過去幾天循環的發生，一天之內早上的晴時多雲，下午颮風雲霧來到，下雪，晚上又變成晴空萬里，繁星月亮露臉，唉！

8/14/2000 雪

　　上看到經旗吹北風，並霧茫茫的，預告下雪的天氣要到了，9 點多開始下雪。昨晚因天氣是晴空所以就在睡袋裡幻想如果能有連續的好天氣，本隊向上攀登時要請次洛當我用我的傻瓜照相機一路由 D4 攝影到 C4，如果有幸能登頂，會安排勁報與登頂隊員使用 ACeS 衛星手機作一次實況訪問 Live Interview，但是一切的美夢有隨著降下的雪破滅了。　想到萬把美元的物資在高地要被全部報廢了心就好疼，這是我辛辛苦苦募款與自己掏腰包的錢買的。

　　6 位藏族協作、6 位電視隊員、楊家聲、與王金榮今天到 D1 將電視對物資運到 BC 後方山上台地後，再用駱駝將物資載運下 BC，夜宿一晚後明早出發離開 BC。晚上與陳建鄂聯絡預祝他與他的隊伍能夠安全及順利的回到伊利克。

8/15/2000 雪，霧

　　早上電視隊 6 位隊員、王金榮、杜元衡與 15 頭駱駝和牠們的主人離開 BC，正式向 K2 唱驪歌踏上了回家的旅程，算了算日子，電視隊 6 位隊員已經離家 76 天了。　現在能一天天離家愈來愈近，路途中最危險的路段是在今明兩天要多次渡過川急與冰冷的克勒青河，老天保佑他們。

　　下午 1 點，5 位外國隊員來本隊的 ABC 串門子，德國隊的 Friz 與 Hans 來詢問看看沿著喬戈里冰河，也是喀拉崑崙大道的兩側是否有海拔 7,000 公尺左右的山峰可攀登，他們兩位也許已經領悟 K2 北稜路線的險度與難度，是歐洲的阿爾卑斯山技術攀登路線無法比擬的，雙人結組攀登阿爾卑斯山是常見的，但雙人結組攀登 K2 北稜路線是不可行的。　登山者就是腳癢，這一座山的攀登路線如果不適合，那就找另一座山來攀登吧！美國隊的 Jay Sieger 與國際隊的 Marty Schmid 來問是否可買一些糧食，他們的隊伍計畫要延期到 8 月 31 日出山，但是他們隊伍的糧食已經很緊張，需要先解決糧食的供應難題。　美國隊的 Ziggy Emme 也來聊天解悶。

　　在下 2 點桑珠隊長、筆者、與所有在 ABC 的隊員開一次會議討論分兩個梯次撤營的方案，在考量隊員的個人職涯，身體健康狀況，所剩存糧，與攀登進度等做出了撤營出山分組的決定：

- 第 1 梯次為拉巴、扎西次仁、阿克布、小齊米、楊家聲、謝祖盛、謝江松、黨小強、加布、3 位藏族協作與筆者等，共 13 人預計在 8 月 22 日離開 BC。
- 第 2 梯次則為桑珠、次仁多吉、邊巴扎西、次洛、洛則、羅申、洛桑醫生、杜小山、3 位藏族協作與于老闆等，共 12 人預計在 9 月 10 日離開 BC。

會中決定次仁多吉、邊巴扎西、羅申、洛桑醫生等，共 4 人今天先下撤到 BC 休整。 依照從 7 月 1 日以後的經驗，一旦桑珠隊長做出攀登隊員下撤 BC 休整的指令，下撤的當天或是隔天天氣一定會轉為晴天，並且也將會有連續幾天的好天氣，拭目以待吧！4 人在下午 3 點 15 分離 ABC，他們在 9 點抵達 BC。

下午 4 點 20 分天氣轉晴！

8/16/2000 晴

筆者的預測果然正確，攀登隊員如下撤 BC 休整，下撤的當天或是隔天一定會轉為晴天，結果呢，今天就是好天氣，就拭目以待是否會有連續好天氣發生。

08：00 6 位藏族協作離 BC 上 ABC 運補糧食。

10：00 楊家聲與謝祖盛 BC 上 ABC 準備取自己的個人裝備後隔日撤離 ABC。

用望遠鏡觀察高地營的雪況，由 D4 經 C1 到 C2 雪況並不深，而到 C2 前的大雪坡的雪也不深。 觀察雪況後就開始整理個人與團體裝備，因為明天就要離開 ABC，踏上回家的路，溫暖的感覺開始在心中發芽。

自從 6 月 19 日指揮帳被架設起後日子過了近 2 個月，在離開 ABC 前筆者觀察到指揮帳離冰磧石路面的高度差距變多了約 30 公分，可見冰磧石路面受陽光輻射融化而下沉的速度是比我想像的多，筆者是搞熱傳學的，這種融化的速度又讓筆者又學到一次實務經驗。

▲ 兩個月期間冰磧石面受太陽輻射熱而融化下沉約 30 公分

▲ 桑珠、小扎西次仁、普布頓珠、邊巴頓珠、巴桑塔曲、平措、小邊巴扎西、謝江松、次洛、洛則與筆者在 ABC 合影留念

今天與所有在 ABC 的隊員 桑珠、小扎西次仁、普布頓珠、邊巴頓珠、巴桑塔曲、平措、小邊巴扎西、謝江松、次洛、洛則與筆者在 ABC 合影留念，這可能是筆者這一生最後一次在 K2 北側前的合影照，很珍貴的。

8/17/2000 晴，連續第 2 天的好天氣，第 1 梯次下撤隊員離開 ABC 下撤到 BC

現在筆者對 K2 山區天氣的預測已成仙了。

筆者依依不捨地向 K2 與 ABC 話別，筆者從 6 月 24 日來到了ABC，在喬戈里冰河冰磧石上睡了一共 54 個夜晚，這也是筆者這一生在冰河上生活最長的時間，對筆者這一生言是一次空前的紀錄，當然也可能是絕後的。 早上 9 點 15 分與 ABC 的所有隊員話別後，就與 4 位藏族協作一起下撤，中午 12 點走到 D2，在這裡筆者不小心跌個四腳朝天，也扭了腰，但還是要堅持走下去，下午 3 點到 D1，在下午 4 點 45 分終於回到闊別 54 天的 BC。

美國隊隊長 Jeff Alzner 今天也下來該隊的 BC 與他們的喀什登協隨同官面對面商議撤營事宜。 雖然本隊部分的攀登隊員現在在 BC 休整，但其他隊伍也沒有閒著，日本隊 3 人、美國隊 Jay Sieger、國際隊 Marty Schmid 今天上到 C3，其他人則由 C2 下撤回 ABC，美國隊 Heidi Howkins 則下撤到該隊的 BC。

晚上筆者將心得與批評講述給老于聽，前前後後，洋洋大觀一共說了 10 項，當然每一項是中肯的，但有些不是適合在這本紀實中寫出，因為會傷害到感情的，但是幾項是必須寫出來的，因為這幾項是這次海峽兩岸喬戈里鋒聯合登山隊不能登頂的主要原因：

1. 戰術沒有彈性，僵硬的遵守「下雪後三至四天不動」的戰術，使從 6 月 29 日本隊第一次的攀登行動到今天，一共 50 天的日子裡，實際攀登的天數只有 7 天，它們是 6 月 29 日、7 月 20 日、7 月 22 日、7 月 30 日、7 月 31 日、8 月 5 日與 8 月 6 日。 該僵硬的教條，使本隊錯失 7 月 25 日至 7 月 30 日連續 6 天，8 月 2 日至 8 月 6 日連續 5 天，與 8 月 16 日開始的連續好天氣。 如果能妥善運用連續的好天氣，以次仁多吉、邊巴扎西、小齊米、次洛、洛則的能力，在 8 月 2 日至 8 月 6 日之間登頂是有可能的。

2. 出資者與具有科學管理經驗的人在這次活動中完全無指揮權，沒有被尊重，甚至對攀登計畫提出的意見完全沒有被採納。 如能被採納，登頂是有可能的。

3. 新疆氣象局對 K2 山區的天氣預測沒有一次是準確的。

4. 藏族攀登隊員傷病甚多，多到 50%，無法提供戰力，但會消耗糧食與資源，既然已知道有傷病，為何不讓他們在家休養，這些費用可轉為雇用尼泊爾雪巴，或雇用更多幾位年輕的藏族協作。

5. 3 支外國隊伍將藏族隊員給看扁了，因為本隊只修了約 200 公尺的繩路，如能不僵硬的遵守「下雪後三至四天不動」的戰術，而能夠靈活調整，有效利用連續好天氣，次仁多吉、邊巴扎西、小齊米、次洛、洛則、羅申等人修繩路肯定能一馬當先，率先開路到 C4，與峰頂下「三角雪田」的懸掛冰河。

當然桑珠隊長所帶領的」西藏 14 座 8,000 公尺以上高峰探險隊」已經在 2007 年 7 月 12 日完成所有 14 高峰的登頂任務，證明「下雪後 3 至 4 天不動」的戰術並非不妥，反而是保證了他所領導隊員的生命安全。 但是唯獨在攀登 K2 北側時，因為大雪後人員無法滯留在高地營，必須全體下撤到 D4 或是 ABC，如果好天氣的週期平均只有 5 天，「下雪後 3 至 4 天不動」的戰術就壓縮可攀登的天數到僅剩 1 至 2 天了，對登頂基本上起不了作用。 將來如有隊伍計劃由 K2 北側攀登，如想要登頂，彈性的與有效的運用好天氣週期絕對是最重要的。

8/18/2000 BC 晴，下午轉多雲

在過 3 天就要離開 BC 踏上回家的路了，今天的工作是整理裝備物資，為出山作準備。 早上 10 點輪到筆者用無線電與在 ABC 的桑珠隊長聯絡，桑珠說 C1 以上在雲中，計劃明天次仁多吉、邊巴扎西、羅申、洛桑醫生上 ABC，到了下午 6 點再次與桑珠隊長聯絡得知 ABC 下午開始吹 7 至 8 級風，ABC 的指揮帳與炊事帳已經傾斜，C1 以上風雪交加，ABC 大霧同時飄雪，明早再決定是否讓次仁多吉、邊巴扎西、羅申、洛桑醫生上 ABC，看來老天還是不想 give us a break。

下午 5 點，2 位藏族協作 小扎西次仁與巴桑塔曲由 ABC 回到 BC，取一頂高山帳再運送到 ABC。

明天 4 位藏族協作普布頓珠、邊巴頓珠、平措、小邊巴扎西將做最後一次向 ABC 的運補，運送米、汽油、火柴、香菸等物資。 謝江松則由 ABC 下撤到 BC。

沒有這 6 位年輕的藏族協作運補物資，本次遠征活動肯定會停擺的。

8/19/2000 BC 早上陰，北風，下雨，中午放晴

▲ 老于在 BC 挖地燒烤穆斯林風味的羊肉串請隊員品嘗

▲ 黨小強幫忙在 ABC 有兩個月沒洗過頭的隊員用熱水洗頭

　　昨夜吹了一晚的 5 至 6 級的北風，下小雨，BC 周圍海拔 4,300 公尺以上的山坡都覆蓋著雪，老于住的帳篷的營柱又被吹斷了。 早上 8 點與桑珠隊長聯絡，ABC 吹強北風，雪下了 3 公分厚，天候不佳所以沒有隊伍的隊員上 C1。 普布頓珠、邊巴頓珠、平措、小邊巴扎西於 8 點 35 分離開 BC 往 ABC 做最後一次的運補，謝江松離開 ABC 下撤 BC。

　　中午放晴了，老于挖地生火燒熱水，讓久居 ABC 對隊員可以洗個頭。 老于用從烏魯木齊帶到 BC 的回族香料來烤羊肉串犒賞大家，他還準備了青島啤酒，吃著羊肉串，喝著青島啤酒，美味啊！ 人生啊！ 筆者在 ABC 吃了 54 天用軍用豬肉罐頭為底材的餐點之後的感受是特強烈。

　　下午 4 點 15 分，黨小強領著 35 頭駱駝抵達 BC。 牠們將在往後的五天中陪伴著第一撤出 BC 的隊員，在渡過川急與冰冷的克勒青河水時，將會任勞任怨的作為我們的坐騎。 下午 5 點 20 分，小扎西次仁與巴桑塔曲由 ABC 回到 BC，他們兩位真是飛毛腿。 傍晚 10 點 30 分，謝江松抵達 BC，不過是有些驚險的插曲發生，謝江松在傍晚 9 點時與 BC 用無線電連絡，他有點扭傷前進速度較慢，天色慢慢地暗下來，這還是他上到 ABC 後第一次下 BC。 老于與筆者很怕天色暗下來後他會迷路，所以派遣小扎西次仁與巴桑塔曲上山去找他，但到了傍晚 10 點鐘，沒有看到 3 人回到 BC，老于，小齊米與筆者於是出營上山去找，所幸在 BC 後山丘的半山腰遇到他們，結束一場虛驚。

　　今晚吃羊肉包子與鍋貼，終於回到人間了！

8/20/2000 BC 晴

早上 8 點與桑珠隊長聯絡，ABC 還是在下雪。 即使筆者已經要離開 K2 山區，還是希望次仁多吉、邊巴扎西、次洛、洛則、羅申能遇到有好天氣的週期，讓他們在 9 月初撤離前能夠登頂。 早上 8 點 30 分，邊巴扎西、羅申、洛桑醫生離 BC 往 ABC 前去，而原本要一起程的次仁多吉因為拉肚子暫時留在 BC，他可能是昨天吃羊肉串、羊肉包子、與鍋貼，配者喝青島啤酒，吃的太好吧？ 下午 3 點 50 分普布頓珠、邊巴頓珠、平措、小邊巴扎西回到 BC，結束了本次遠征活動的最後一次的運補。

因為有第二批是到 9 月初才會撤營，安排兩位維族民工也要留置到 9 月 10 日，於是老于由 9 月 1 日起支付每人每天 20 元人民幣的滯留費。 但沒過多久，兩位維族民工要求老于由 8 月26 日開始支付滯留費。 于老闆是中國遠征登山活動的知名大總管，大到規劃、籌備、組織、總務管理遠征登山，小到支付要延期民工留置費，只要他一手包辦，使在前線的隊伍能高枕無憂，專心攀登，不需要去擔心糧食不夠沒材可燒的問題。

明天就要離開 BC，將備用的新服裝，如羽毛衣等送給 6 位年輕的藏族協作，感謝他們的辛勞與付出，他們 6 位年輕藏族在這次攀登是做出極大的貢獻。

晚上與老于喝酒話別，感謝他在這次遠征活動中出這麼多力，使得筆者實現了有史以來華人第一次遠征攀登 K2 的使命與夢想，如能登頂是最完美的，但如老天不讓本隊登頂，那攀登隊員、協作、管理支援人員、駝工、民工、與駱駝都能安全回到家、沒有凍傷、沒有死亡，也可算得到 90 分成績了。 凡事都有離別的時候，筆者這輩子能認識于老闆，也有機會與他一起完成了這次遠征，是筆者一生中至高的榮幸。

8/21/2000 BC 多雲，小雨，第一梯次下撤隊員離開 BC 往克勒青河第二紅柳灘營地

早上 9 點用無線電與桑珠隊長話別。 筆者與他在 ABC 一起住了 54 天，能與有史以來第一支完成登頂 14 座 8,000 公尺以上高峰隊伍的隊長，在一個指揮帳裡生活與共事了 54 天，這也是筆者這一生中的榮幸。

出發前，所有人員合影後，與 BC 駐守的朋友一一話別，離情依依的在上午 9 點 45 分離開 BC，拉巴、扎西次仁、阿克布、加布、小齊米、楊家聲、謝祖盛、謝江松、黨小強、3 位藏族協作、日本隊員-道家博司與筆者等共 14 人，25 頭駱駝，6 位塔吉克駝工，浩浩蕩蕩向克勒青河第二紅柳灘前進，但這回家的旅程是沒有羊群陪伴著，因為牠們大多都已被下肚了。

▲ 第一梯隊隊員在離開 BC 前與 BC 的留守人員合影留念

▲ 一路是下著雨騎在駝 BC 往克勒青河第二紅柳灘營地行進

　　途中多次渡過克勒青河，冰冷與川急的河水深達駱駝肚子的位置，過去幾天山上都是陰天或下雪天，冰河與雪的融化速度減緩許多，但河水還是這麼深與川急，如果是連續幾天的好天氣，渡河的危險度是肯定會更高的，隊伍於下午3點30分抵達半地克勒青河第二紅柳灘營地。

　　半夜時突然下起大雨，駝工是沒有營帳的，氣溫很低，也無處躲雨，也沒有材火可升營火取暖，駝工的生活以我們城市人的觀點是很辛苦的，筆者於是出帳去取出一頂4人帳篷幫他們搭起來，好讓他們6人躲雨。

8/22/2000 早上雨雪，下午多雲，克勒青河第二紅柳灘營地 往 第一紅柳灘營地

▲ 營地旁生長的野蔥

▲ 這一頭白頭駱駝是筆者一路上的坐騎

　　半夜雨一直嘩啦啦的落下，外面下大雨，帳內下小雨，幸好昨晚有幫駝工搭起營帳讓他們躲雨，現在雖然是仲夏，但夜晚的溫度都是低於5度攝氏，如果下雨，沒有營帳沒有營火，駝工的夜晚是很難熬的。

　　早上真是不想從溫暖的睡袋中出來，但還是要按表操課，何況我是位「隊長」。駝工靠著岩壁生營火煮他們的早餐，等到駝工吃完早餐開始架貨物到駝背時，隊員全跑到駝工生的營火去取暖，在岩壁旁生長了不少的野蔥，這些野蔥就是我們昨晚的晚餐與今早的早餐麵食中的蔬菜。

　　中午12點15分出發往克勒青河第一紅柳灘營地前去，一路上是坐在駱駝背上過河，距離第一紅柳灘營地約1公里處，水深超過駱駝的肚子，幾乎淹到了駱駝背部兩邊所綁貨物的底部，為了安全，人下駱駝後沿著河邊的岩壁前進，一行人與駱駝在下午2點30分到達營地。

▲ 克勒青河河水的水深超過駱駝的肚子，幾乎淹到了駱駝背兩邊綁的貨物的底部

▲ 和善的塔吉克駝工「迪望那葉」

　　駝隊中的一位駝工，他的塔吉克名字是「迪望那葉」，在 6 月初進山時也有他隨行，他對筆者很和善，雖然他不會說「普通話」，而筆者也不會說「塔吉克語」，但是我們可以用萬用語言「比手畫腳」來溝通。 迪望那葉擁有 4 頭駱駝用來養家活口，其中 1 頭的頭部還是白的，迪望那葉讓筆者在克勒青河行程中一路坐著這頭白頭駱駝，就好比西遊記唐三藏騎著白馬去取經般，感謝他。 筆者寫這篇紀實的過程中，看到迪望那葉的照片，就在想 20 年後的今天他過得好嗎？ 還是以駝工為吃飯的頭路嗎？

8/23/2000 早上雨雪，下午轉晴，克勒青河第一紅柳灘營地 往 三岔口營地

　　早上 10 點 30 分由克勒青河第一紅柳灘營地出發。 渡過克勒青河到了對岸就開始向阿格勒達坂爬升，在海拔 5,000 公尺以上生活了 54 天，身體已經適應高地的氧氣含量，所以從海拔 3,870 公尺克勒青河爬升到海拔 4,780 公尺的阿格勒達坂都沒有休息過，人的身體適應力實在很奇妙。 最近幾天海拔 4,500 公尺以上都會下雪。 阿格勒達坂也不例外，這景象與 6 月 11 日入山時大不同，那時雪很少。 過了阿格勒達坂就是一路下坡到伊利克了，隊員的行走速度加快有點像競走一般，下午 4 點就抵達阿格勒達坂牧場營地，大家決定繼續持走下去，下午 6 點就走到一線天峽谷，大家還是不想停決定繼續走，計畫到斯勒克河三岔營地夜宿。 大隊是在下午 7 點 15 分抵達該營地，天氣棒極了，到達後馬上將營帳與睡袋展開，讓太陽將過去幾天的濕氣曬乾，今晚睡覺就會很舒服的，明天就可以看到闊別 72 天沒有見

阿格勒達坂 啞口雪景

▲ 將營帳與睡袋展開，讓太陽將過去幾天的濕氣曬乾

▲ 斯勒克河大紅柳灘營地上方牧民石頭屋

到的汽車了，這可能是這一生有這麼長的日子沒有看到汽車，離家愈來愈近了，好興奮！

筆者的晚餐還是「已經吃了快 60 天了的掛麵加軍用罐頭內的紅燒豬肉」。

深夜打開營帳，看著繁星與銀河。

8/24/2000 晴，三岔口營地經伊利克往麻扎達拉

駝工告訴我們，從伊利克到麻扎達拉的產業道路被大水沖斷了，汽車不能進到伊利克，我們必須多走約 18 公里的路，好吧！ 要回家就別無選擇，走吧！

早上天氣真好，營地海拔高度大約是 3,600 公尺，氧氣含量較高了，身體的感受真舒服，當然心想快回到家，就慢慢將在 ABC 不順之事放掉了，過去就讓它過去吧，人生不一定什麼事都會如你願的。

一行人於早上 10 點出發，駝工今天心情好，開恩，讓我們 14 位隊員都騎駱駝到伊利克，早上 11 點到了 6 月進山時的斯勒克河大紅柳灘營地。 昨天與今天一路上都沒有看到牧民與羊群，想必是接近 9 月初，夏天放牧的週期已到了尾聲吧？

▲ 斯勒克河對岸的塔狀沖刷地形

▲ 葉爾羌河 7 月洪水沖失了產業道路路基

6 月進山時到這營地時是陰天，且天色已暗，沒有仔細觀看這營地的景色，今天天氣太好，而且是坐在駱駝背上，悠哉悠哉地觀看四周的風景，就像「遊車河」般，一路上不太認得進來的路徑，因 7 月與 8 月的大水將伊利克到斯勒克河大紅柳灘營地間的小徑都沖失了。 在快到伊利克前，斯勒克河的對岸，有一片塔狀的沖刷地形，很類似位在美國猶他州的 Capital Reef 國家公園的地質地形。

大隊於下午 1 點 10 分抵達了伊利克營地。 現在的伊利克營地內上次紮營處已有許多小溪流，隊員下駱駝稍作休息就開始往麻扎達拉前去，行走約 2 小時後，產業道路開始沿著葉爾羌河的右岸，路面離水面的高度約 5 公尺，走過一個大轉彎後來到一個峽谷，峽谷旁的一段約 500 公尺長的路面完全被洪水沖刷掉了，我們必須爬上斜度 40 度的碎石坡橫渡被洪水沖刷掉的路段。 在這裡如此乾旱不毛之地還能發生這麼大的洪水，看到這景象才體會到今年無法由 K2 北稜登頂是有道理的，原來是計畫在 2000 年，一個新的世紀了來臨時，讓華人首次登頂 K2，但老天不配合，不給予我們好天氣，所以無法完成這個遠大的目標，是非戰之罪也。

這一段路 18 公里的路是楊家聲、謝祖盛、謝江松、道家博司、與筆者結伴一起走的，藏族隊員的行走的速度實在太快了，一溜煙就看不到他們的汽車尾燈了，我們用小跑步也趕不上他們。 這裡的海拔高度是約 3,200 公尺，而我們負重行走的速度已經是超過每小時 4.5 公里，這種速度在海平面高度，有正常的含氧量的環境

下也是算是很快的速度，藏族的負重行走的速度肯定是超過每小時 5 公里。

我們五人在下午 5 點左右陸續抵達麻扎達拉營地，塔縣主任在這裡迎接我們，同時帶給我們高麗菜、青椒、番茄（西紅柿）、與西瓜，我們迫不及待地將西瓜剖開就不顧形象吃起來了，當然這些西瓜的甜度與含水量是不能與水果之鄉的台灣的西瓜比擬的，但是在 72 多天沒有吃到新鮮的水果後，不甜的西瓜也變成美味了。

1877 年左宗棠收復南疆后，清朝政府就在麻扎達拉設了關卡，2000 年時中國海關在該處設口岸，該口岸是有一輛拖車與幾頂大帆布帳篷所組成，麻扎達拉是位葉爾羌河間的寬闊的谷地，谷地有綠色的草原，也是當地塔吉克牧人的放牧場。

我們到了麻扎達拉後約半點鐘，邊防公安就來到我們的營地檢查證件與物品，在打開背包與黃色運送袋時一股濕氣與臭味衝出來，那種臭味是累積 70 多天的味道，希望今明兩天是晴天，可將所有的物品曬乾，也希望 ABC 與 K2 北側的天氣與在麻扎達拉是一樣的，好讓還是次仁多吉、邊巴扎西、次洛、洛則、羅申能由 C3 向上攀登。

因為我們比原定行程提早了一天到了麻扎達拉，接駁我們的葉城車輛在明天下午才會抵達這裡，正好利用明天一天曬物件，免得回到城市後接近我們的人都要掩鼻而過了。 今天晚餐可吃到新鮮的蔬菜，當然我的晚餐是「掛麵加軍用罐頭內的紅燒豬肉加新鮮蔬菜」，而不再需要在岩壁旁有採集野蔥了。

▲ 麻扎達拉牧場

▲ 中國海關在麻扎達拉以一輛拖車與幾頂大帆布帳篷所組成的口岸

8/25/2000 晴，麻扎達拉修整

今天氣極好，上午約 10 點 20 分太陽才照到營帳。 早餐過後開始整理物品攤出來曬乾，下午就開始將要留在大陸的物品，與準備帶回台灣的物品區分出來後，再打包，回台物品基本上是被包在歐斯納公司贊助的黃色置物袋中，這些印有歐斯納商標的置物袋將一路葉城經喀什、烏魯木齊、北京、一路作廣告到台北。 當然還也有許多裝備與物資是帶不回台北的，就分別送給各各在這次協助遠征活動的單位吧，這些物資將以路運方式運送。

▲ 日本隊員道家博司在攀登期間被雪反射太陽反射曬成了位黑人

▲ 隊員們進補「吃」

日本隊員道家博司自己住在 1 頂橘色的個人帳，他與筆者在他的營帳前合影留念，大家可以注意到他被冰河與雪坡的太陽反射曬成了 1 位黑人。

下午約 5 點半，第 1 輛吉普車來到營地，維族駕駛說：「葉城登協一共派遣了 6 輛吉普車與 1 輛卡車來接我們，而今晚就要回葉城」。 但其他的車輛還沒有到位，怎麼今晚回葉城呢？ 這位司機的說詞把所有隊員都搞得好興奮，大家今晚都想回到葉城，去好好洗個澡。 頭痛也！ 即使現在馬上出發，到葉城時也會是半夜 2 點，除了夜間行走碎石山路有危險外，況且葉城賓館過了晚上 10 點就不供應熱水，明早再出發吧！他車輛在隨後都陸續抵達了。

8/26/2000 晴

車隊原本預計早上 6 點出發，昨晚 1 位帶頭的維族駕駛發難，起鬨慫恿其他 3 位維族駕駛與筆者爭論，由誰先載人出山，想必是想要以刁難筆者的戰術來索取加價。 喀什登山隊的李隊長說「他常碰到這種無聊之事」，他化解這狀況的方法是，私下一一告知願意走車的駕駛，要他們 1 輛車 1 輛車的陸續的開走，這樣子這些起鬨的維族駕駛就沒有伎倆了也得跟著走，不然沒有將我們的人與貨載到葉城是拿不到酬勞的。 每個地區都有解決爭議的一套方法，沒有當地人做地陪，外地人有時會被當地的人搞得不知所措的。

07：30	車隊到了麻扎兵站，這回有 17 本證件要一一抄寫登記，前前後後只用了 45 分鐘。 幸好沒有像 6 月進山時有 40 多本證件要抄寫登記，加上檢查貨物，一共用了二個多小時。
08：15	車隊離開了麻扎兵站，馬上接到 219 國道，車隊向左轉往葉城方向上山駛去，沒有 5 分鐘看到一輛卡車翻覆，所幸卡車駕駛沒有受傷，詢問裝況後才知道翻覆是 4 天前發生的，已經求救，但不知道救援車什麼時候會到，在 20 年後的今天 219 國道已經是舖設了平坦的柏油路面，加上偏遠地區都有手機通訊覆蓋，交通是事故的救援應該會很迅速的。
11：00	抵達山路休息站庫兵路吃早餐「拉麵」，來到這裡前的路程約有 30 公里的路面是沿著河谷進行的，多處路面已被洪水沖毀，還是看到解放軍在施工埋設光纖纜線，在我們 6 月進山時就看到他們在施工。
15：30	抵葉城賓館，葉城賓館換了新主人了，原經營者以 110 萬人民幣賣給葉城電力公司。

日隔 80 天終於又回到城鎮！

回家

　　台北隊員與電視隊員於 8 月 30 日搭澳門航空班機經澳門回台北，抵達澳門機場後，大家與楊家聲話別，他由澳門機場坐渡輪到香港回家。 一行人於晚上 10：30 分抵達桃園機場，TVBS／ERA、勁報等媒體，山友 張文溪、黃國治、張鏡澄、江永達等來接機，大家都很高興但也很累，除了筆者外，大家今晚都會安全與無傷地回到家與妻子孩子同聚了，但筆者還有 11,000 公里飛越太平洋回到亞利桑那州的家之行程等待著去完成。

C3 營地照片

▲ 各國運上至 C3 的氧氣瓶

C3 營地的營帳是架設在 45 度陡坡上

攀登隊員由 C3 向上修 150 公尺繩路後下撤

　　9 月 3 日筆者與中國登協聯絡得知最後一次向上攀登的行動是在 8 月 26 日發起的，次仁多吉、邊巴扎西、次洛、洛則、羅申只有超越 C3 往 C4 攀登了 150 公尺，國際隊的紐西蘭人 Marty Schmid 成功攀登到海拔 7,950 公尺的 C4，但因為攀登器材不足，且無人運補，而功敗垂成。 老于提供了筆者幾張 C3 的照片，由照片可以感受到海拔 7,500 公尺高的 C3 營地的地形非常的險峻，基本上是在超現實的地點設置營地。 K2 北稜攀登營地中，C1 是建立在冰河裂隙內，C2 是設置在 20 度的緩坡上，C3 是建立在 45 度的陡坡上，如 C4 能在這次攀登中被設置的話，它將被設置在如老鷹巢般的地形，整體而言，只有 C2 還算是人住的，其他 3 個營地應該是屬於能飛到這海拔高度的少數幾種飛禽之住所，但那些可飛到這麼高的飛禽也不會在這些營地築巢的，由此就可得知為何 K2 北稜是所有 8,000 公尺以上高峰數一或是數二的艱難攀登路線。

▲ 夜宿 C3

▲ 大陸隊員下撤涉水過克勒青河

▲ 大陸隊員下撤駝隊沿過克勒青河前進

感想

　　筆者從 1994 年，兩岸山友在台灣確定海拔 8,611 公尺高的世界第二高峰 K2 為繼珠穆朗瑪聯合登山後的下一個遠征登山目標的時候開始，直到 2020 年的今天，一直在問自己是否是好高騖遠、不知量力、且好大喜功呢？ 當年許多台灣山友在私底下可能都認為筆者是好高騖遠不知量力的。 筆者自從參與遠征海外高山後，就瞭解 K2 北稜攀登路線是非常艱難的，是比珠穆朗瑪東北稜路線艱難的甚多。 在籌備 K2 時，筆者就研讀了許多隊伍的 K2 北稜攀登資料，但還是無法真實的「體會」或「會意」其艱難度，因為筆者所吸收的資訊都是「理論」非「實務」，所以在 2000 年 6 月 29 日第一次攀登前，筆者對 K2 北稜攀登路線是「知其然而不知其所以然」的。 但經過醞釀、籌劃、組隊、募款、爭取贊助、隊員徵選、訓練、採購裝備與器材、物資運輸、出發成行、執行遠征的完整過程後，在事後自我回憶與檢討中，才能感受到「知其然 亦知其所以然」。 筆者認為一生是很幸運的，能成為是極少數的 15 億華人中對 K2 北稜攀登能「知其然亦知其所以然」的一人。

　　「對未知的探索」是人類文明的最主要的驅動力，這幾天筆者觀看了兩部有關太空探索的事件，一個的 NASA JWST（James Webb Space Telescope）的計畫，在哈伯望遠鏡之後，NASA 要送一台太空望遠鏡到離地球 1 百 50 萬公里遠的外太空，去觀察 135 億年前在宇宙大爆炸之後的 20 億年第一個太陽因氫融合所發出的光，這第一個太陽光要旅行 110 億光年才能達到地球，JWST 的困難是在，要將一個 20 公尺、長 14 公尺寬、18 公尺高的望遠鏡摺疊放進只有 4.6 公尺直徑的火箭頂部，在發射後所有機構需要在太空旅程中，正確的一一展開，如有一個機構不能正確展開，那 80 億美元，150 萬小時的工時，12 年的投入就全都報銷掉，望遠鏡飛到定點要將紅外線感應器冷卻到零下 233 度攝氏，6.4 公尺直徑的望遠鏡的結構精度則需要被要保持在 30 奈米之內，筆者給一個數字做比較，2020 年台積電的製程已可以在 16 英吋矽晶圓上做到 3 奈米寬的線路，16 英吋是 0.4 公尺，人類怎麼能做到的這不可能的任務？ 失敗的話怎麼辦？ 會失敗就不去嘗試嗎？

　　還有是在 2020 年 12 月 9 日，SpaceX 公司發射一支實驗性的太空船火箭，叫做「Starship 星際飛船」，該太空船是為人類旅行到月球或火星所設計的。 發射前 SpaceX 的老闆也是 Teala 電動車的老闆，Elon Musk 說這次成功的機率只有 30%，結果升空不久果然就墜落撞成了火球，2 億美元就報銷了。 事後 Elon Musk 說「我們學到很多」，因為「失敗是成功之母」，有去嘗試才能夠由失敗中取得珍貴的數據與經驗，最後才能夠「知其然 亦知其所以然」的成功地將人類送上火星。

再觀中國的探月工程，2020 年 12 月嫦娥 5 號成功的將月球表面約 2 公斤的土壤以無人的方式帶回地球。 中國的太空工程與計畫基本是完全被西方圍堵的，被圍堵就不去自己去「從無到有，進而成事」嗎？ 就不去對未知去做探索嗎？「不」！ 他人不幫忙就要自己去想辦法找資源尋方法，從「爬」的開始，一步步「站」起來去執行這偉大的人類使命與任務。

當然筆者所完成的 2000 年 K2 遠征攀登是完全無法與上面 3 項人類偉大的太空任務相比擬。 但是筆者「對未知的探索」的人生態度是和這些任務的目標是相同的。

在前面筆者説的好像是「冠冕堂皇」，但，事實是由醞釀到遠征的 6 年期間過程中，是充滿了困難、無奈、無力、人性糾葛、誤解、批評與孤獨的，這些負面的過程也是將來任何計畫組織 8,000 公尺以上高峰遠征的人士都要去面對與經歷的。 登山過程就有如人生一般，時時要做出不得已的決定，筆者的建議是將「心放寬」，用正面的心態去對待所有人事物，儘量不讓這些負面影響到自己。 如果實在無法解套時，就去營帳外看看壯麗的高山與冰河美景，並告訴自己「這生有機會看到這世界上百分之 99.999999 的人沒有機會看到的壯麗的高山與冰河美景」，同時安慰自己是很幸運的，因為自己這一生中有這個機會來做這件事。

 **紀錄篇**

　　這次 2000 年海峽兩岸 K2 聯合登山隊的隊員由中國新疆這一側經北稜登頂攀登 K2 的攀登高度紀錄為：

● 次仁多吉、邊巴扎西、小齊米、次洛、洛則 — 海拔 7,660 公尺。

● 羅申 — 海拔 7,400 公尺。

● 小扎西次仁、平措、邊巴頓珠、普布頓珠、巴桑塔曲、小邊巴扎西 — 海拔 6,800 公尺。

● 王金榮、楊家聲 — 海拔 6,500 公尺。

● 謝江松、謝祖盛、阿克布、扎西次仁、拉巴 — 海拔 6,100 公尺。

　　至 2020 年為止，華人的登頂 K2 的紀錄為：

● 2004 年 7 月 27 日首次登頂，那是由桑珠領導的「西藏 14 座 8,000 公尺以上高峰探險隊」所完成的，登頂是次仁多吉、巴扎西、洛則、仁那、扎西次仁、普布頓珠、邊巴頓珠等 7 位藏族。

● 2012 年 7 月 31 日，楊春風、饒劍鋒、張京川 等 3 漢族。

● 2014 年 7 月 26 日，羅靜，第 1 位漢族女性。

● 2017 年 7 月 28 日，張梁登 漢族，他也是第 1 位華人完成「14 ＋ 7 ＋ 2」，14 座 8,000 公尺以上高峰，7 大洲最高峰，徒步抵達南極中心點與北極中心點。

以上登頂都是走巴基斯坦側的 Godwin Austen 冰河而上再沿東南稜的攀登路線。

● 2019 年 7 月 17 日，台灣登山者呂忠翰與張元植攀登到海拔 8,200 公尺，路線是經由巴基斯坦側的 Godwin Austen 冰河而上再沿東南稜攀登的。

　　2000 年至 2021 年 6 月間由中國新疆這一側經北稜登頂 K2 的紀錄為：

● 2011 年 8 月 23 日，4 人登山隊從北側成功登頂 K2：第 1 位是來自奧地利的 Gerlinde Kaltenbrunner，她也同時成為世界上第一位能無氧登頂 14 座 8,000 公尺以上高峰的女性，第 2 位與第 3 位是來自哈薩克的 Maxut Zhumayev 與 Vassiliy Pivtsov，他們倆位也同時完成了登頂 14 座 8,000 公尺以上高峰，第 4 位是來自波蘭的 Dariusz Za uski。

至 2021 年 6 月為止，中國已成功了登陸月球背面與火星，建立了太空站，探勘海洋達 10,909 公尺的深度，但！卻尚未經由自己的領土，新疆這一側登上海拔 8,611 公尺的世界第二高峰 喬戈里（K2）的峰頂！

● 如以上紀錄有誤或不完備時，請務必與筆者聯絡。

國家圖書館出版品預行編目資料

華人首次遠征世界第二高峰K2：2000年海峽兩岸喬戈里峰聯合
登山隊紀實 / 周德九著. -- 初版. -- 臺北市：博客思出版事業網,
2021.07
　　面；　公分
ISBN 978-986-0762-01-3（精裝）
1.登山 2.喬戈里峰
730.834 110009232

野外系列 01

華人首次遠征世界第二高峰K2
2000年海峽兩岸喬戈里峰聯合登山隊紀實

作　　者：周德九
編　　輯：張加君
美　　編：J‧S
封面設計：J‧S
出 版 者：博客思出版事業網
發　　行：博客思出版事業網
地　　址：台北市中正區重慶南路1段121號8樓之14
電　　話：(02)2331-1675或(02)2331-1691
傳　　真：(02)2382-6225
E-MAIL：books5w@gmail.com或books5w@yahoo.com.tw
網路書店：http://bookstv.com.tw/
　　　　　https://www.pcstore.com.tw/yesbooks/
　　　　　https://shopee.tw/books5w
　　　　　博客來網路書店、博客思網路書店
　　　　　三民書局、金石堂書店
經　　銷：聯合發行股份有限公司
電　　話：(02) 2917-8022　　傳 真：(02) 2915-7212
劃撥戶名：蘭臺出版社　　帳號：18995335
香港代理：香港聯合零售有限公司
電　　話：(852)2150-2100　　傳真：(852)2356-0735
出版日期：2021年07月 初版
定　　價：新臺幣500元整（精裝）
ISBN：978-986-0762-01-3